丛书主编◎叶浩生

世界著名
心理学家
艾森克

孙灯勇◎著

北京师范大学出版集团
BEIJING NORMAL UNIVERSITY PUBLISHING GROUP
北京师范大学出版社

图书在版编目（CIP）数据

艾森克 / 叶浩生主编，孙灯勇著. —北京：北京师范大学
出版社，2013.1（2014.7 重印）
（世界著名心理学家）
ISBN 978-7-303-11637-9

Ⅰ.①艾… Ⅱ.①叶…②孙… Ⅲ.①艾森克，M. W.—
心理学—研究 Ⅳ.①B84

中国版本图书馆 CIP 数据核字（2010）第 197782 号

营销中心电话	010-58802181 58805532
北师大出版社高等教育分社网	http://gaojiao.bnup.com
电子信箱	gaojiao@bnupg.com

出版发行：北京师范大学出版社 www.bnup.com
　　　　　北京新街口外大街 19 号
　　　　　邮政编码：100875

| 印　　刷：北京易丰印捷科技股份有限公司 |
| 经　　销：全国新华书店 |
| 开　　本：148 mm × 210 mm |
| 印　　张：6.25 |
| 字　　数：136 千字 |
| 版　　次：2013 年 1 月第 1 版 |
| 印　　次：2014 年 7 月第 2 次印刷 |
| 定　　价：18.00 元 |

策划编辑：周雪梅　　　　　　　责任编辑：周雪梅
美术编辑：毛　佳　　　　　　　装帧设计：毛　佳
责任校对：李　菡　　　　　　　责任印制：陈　涛

丛 书 总 序

心理学的产生和发展是时代的需要，同时也离不开心理学史上一些重要人物的贡献，以及他们在心理学领域作出的杰出成就。2002 年，美国心理学杂志《Review of General Psychology》依据心理学者在心理学领域的贡献，评选出前 99 位心理学家。《世界著名心理学家》丛书就是从这 99 个人中选择出那些更有影响力的心理学家，讲述他们生活的时代背景、个人经历、理论思考，以及取得的成就。希望通过丛书的介绍，读者对心理学有进一步的认识，同时对心理学研究有更深入的思考。

心理学的发展是时代精神和心理学家结合的产物。每一位心理学家都是在总结前人思想的基础上，通过自己的努力和发现推动心理学的发展与进步。具体来说，时代的进步为心理学提供了社会历史条件，而心理学家利用这些条件完成了心理学史上的重大变革。"心理学有很长的过去，但只有一个短暂的历史。"19 世纪中叶以后，哲学就已经为心理学积累了丰富的理论概念；生理学领域的成就为心理学提供了基础知识和研究方法；心理物理学的发现为心理学准备了科学的发展模式和方向。最终，冯特的心理学实验室的建立，才把心理学从哲学的娘胎里催生出来，使其成为一门独立的学科。因此，在肯定时代精神的同时，我们无法抹煞心理学家在心理学发展史上的重要作用。

心理学家的成长历程可以作为心理学后继者的参照，

这些人为什么会从事心理学研究？他们是如何为之坚定不移、辛勤付出的？读者或许可以得到这样一些启示。

第一，心理学家对心理学孜孜不倦的追求是取得成功的必要条件。巴甫洛夫是一位"不承认自己是心理学家"的心理学家。他在从消化系统的生理研究转向神经系统的心理研究时，面临着来自四面八方的压力，但是这些都没能改变他的决心。经过长达30多年艰苦卓绝的研究探索，巴甫洛夫终于建立了完整的条件反射学说。这种锲而不舍的科学精神是值得心理学后继者学习和借鉴的。

第二，心理学家对信念的坚守是取得成功的保证。弗洛伊德的精神分析理论在他生前就遭人非议，而他死后仍难逃诟病。即使这样，也不能否定精神分析理论从一个独特的视角诠释了人类心理和行为。如果没有弗洛伊德对"力比多"的坚定信念，就可能不会出现心理学的"第二势力"。心理学研究者首先是作为社会人而存在的，一个时代的文化思潮、价值观和科学哲学观都会影响到心理学研究者的热情和研究取向，甚至决定着心理学的研究内容和方法论原则的形成。所以，今天看来，心理学发展史上任何一个理论流派的存在都有其特定的价值。当然，这些心理学思潮的形成都离不开心理学家对心理学研究信念的坚守。

第三，心理学家对实证研究和理论思维的态度是心理学发展的重要因素。一门学科的进步，既需要科学的实验求证，也离不开严谨的理论思维。心理学也是这样，构造主义、行为主义、人本主义等心理学理论都是建立在一定的哲学基础之上的。从某种意义上说，心理学实验是为证实心理学理论而存在的。例如，格式塔心理学的似动和顿悟实验。但是，当前的心理学实验是在寻找和发现问题。

研究者试图把心理学理论建立在大量的心理学实验结论之上，或者说把心理学实验作为发现心理学理论的唯一有效的途径。通过这种途径建立起来的心理学理论更像是无源之水，无本之木。当代心理学再没出现像詹姆斯、马斯洛、科勒这样的心理学大家，也没有出现如行为主义、精神分析、人本主义这样的心理学理论，这与当代心理学重视实验求证，偏废理论思维不无关系。丛书在介绍这些心理学家的章节中列出了"理论背景"板块，一方面帮助读者更好地理解和把握心理学理论内容，另一方面也是为了突出理论思考在心理学发展史上的地位。

　　丛书每本书介绍一位心理学家。编者制定了详细的编写原则和体例要求。丛书作者大多是直接从事有关某一心理学流派，或者是某一位心理学家的理论研究工作。他们在准确把握这些思想理论的前提下，多方面收集材料，力争使内容生动活泼，可读性强。诚然，丛书编者和作者的观点难免会有偏颇、不当之处，还请读者指正。

叶浩生

2012 年 08 月 22 日于广州大学城小谷围岛

目　录

第一章 导 论

一、主要理论简介

上千年前，雅典德尔菲神庙前的石碑上镌刻着阿波罗的神谕："认识你自己！"这是古代人类借神的口对自己发问："我是谁?"中国也有一句名言为"人贵在有自知之明"。可以说，"我"对人的存在具有重要意义，离开了"我"，人的行为就无法解释。但是，由于认识上的局限，人们在确定自己究竟是一个什么样类型的人，自己的人格、气质和能力等有什么特点，以及决定学习什么、从事哪一种职业、与哪类人结婚能获得幸福等等，这样一些需要对未来做出重要抉择的事情上，要做出合理的选择，并不是一件容易的事情。对局外人来说，某人的选择不当可能是显而易见的。心理学家通过反复的研究发现，人们做出错误选择最常见的原因是不正确的自我知觉和自我认识，这些人的失败常常源于"认识自己"的失误。正如罗勃特·彭斯的诗所描述的：啊，倘若神明赐予我们能力，以他人之眼来看待自己，多少的过失，多少的愚见，皆可避免，皆可化为云烟。

日常生活中，我们常常听到某些人说自己是外向的，或是内向的。时常也会听到人们在谈论他人时说，某某是外向的，或某某是内向的。当然，日常生活中人们说自己或他人是外向与内向，很大程度上似乎是凭自己的感觉，及所评价对象的一些具体行为表现来判断的。这些判断与评价在很大程度上缺乏科学的依据。那么，我们如何才能较准确地评估自己是外向或内向的，外向或内向的程度如何？对以下 21 题的回答对了解自己是外向或内向，以及外向或内向的程度会有一定的指导意义。

以下是测试一个人内向或外向的一些题目，共 21 题。每一题的回答没有对错之分，请你根据自己的真实情况作答。

艾森克内外向人格维度问卷

题　目	答案	
1. 你是否有广泛的爱好？	是	否
2. 你是一个健谈的人吗？	是	否
3. 你认为自己活泼吗？	是	否
4. 在愉快的聚会中，你通常是否能尽情享受？	是	否
5. 你喜欢会见陌生人吗？	是	否
6. 如果条件允许，你喜欢经常外出(旅行)吗？	是	否
7. 你是否宁愿自己看书，也不想去会见别人？	是	否
8. 你的朋友多吗？	是	否
9. 你是一个无忧无虑、逍遥自在的人吗？	是	否
10. 在结识新朋友时，你通常是主动的一方吗？	是	否
11. 和别人在一起的时候，你是否不常说话？	是	否
12. 在一个气氛沉闷的场合，你能给大家增添生气吗？	是	否
13. 你是否喜欢说笑话或谈论有趣的事情？	是	否

14. 你喜欢和别人打成一片，整天相处在一起吗？　是　　否

15. 当别人问你话时，你是否能对答如流？　　　是　　否

16. 你喜欢紧张的工作吗？　　　　　　　　　　是　　否

17. 你是否参加太多的活动，已超过自己可能分配的
　　时间？　　　　　　　　　　　　　　　　　是　　否

18. 你能使一个联欢会办得成功吗？　　　　　　是　　否

19. 你是否喜欢在你的周围有许多热闹和高兴的事？

　　　　　　　　　　　　　　　　　　　　　是　　否

20. 别人是否认为你很有活力？　　　　　　　　是　　否

21. 你是一个爱跟人交往的人吗？　　　　　　　是　　否

　　以上是测试个体内向或外向的一些题目，最初由英国著名的心理学家汉斯·艾森克（Hans Jurgen Eysenck，1916—1997）所编制，后经我国心理学专家陈仲庚教授于1983年修订形成。其中第7题和第11题答案选"否"计1分，选"是"不计分，其他19道题目选"是"计1分，选"否"不计分。修订后的常模为，男性平均分为9.93，女性平均分为9.03。假如你有兴趣了解自己是内向或外向的，请根据自己的真实情况对以上21道题目进行作答，并计算出总分。如果你的各项加起来所得总分超过平均分，那么说明你在内外向这一维度上偏外向。得分越高，越外向；得分越低，越内向。请注意，这一测评结果仅提供参考，如果读者是因为某种特殊的目的需要了解自己的个性，建议你最好去请教心理学方面的专家，他们可以对你进行精确细致的个性测评。

　　艾森克作为世界著名的心理学家，他一生在人格理论、

智力、社会态度和政治行为的发生，以及行为治疗等多个领域硕果累累，提出了很多具有重要影响力的理论观点，激发着后来的心理学研究者循着他的研究足迹展开更加全面和深入的验证性和创新性研究。在艾森克的众多成就中，对心理学界和现实生活影响最大的、首当其冲是他的人格理论。艾森克曾先后出版多部著作来介绍他在人格领域的研究成果，包括《人格维度》（*Dimensions of Personality*，1947）、《人格的科学研究》（*The Scientific Study of Personality*，1952）、《人类的人格结构》（*The Structure of Human Personality*，1953）、《人格的生物学基础》（*The Biological Basis of Personality*，1967）等。他反对把人格定义抽象化，在其《人格的维度》一书中指出"人格是生命体实际表现出来的行为模式的总和"。他认为这种行为模式的总和包括认知（智力）、意动（性格）、情感（气质）和躯体（体质）四个主要方面，强调人格具有稳定性和持久性。艾森克在研究人格过程重点研究人格的类型（type）。他认为特质（trait）是观察到的个体行为倾向的集合体，类型是观察到的特质的集合体。他把人格类型看做某些特质的组织。艾森克所提出的人格理论主要是层次性质的一种类型理论。每一种类型结构的层次明确，因此人格就可分解为有据可查、有数可计的要素。这是心理学家们多年来一直探讨而难以确定的难点。许多心理学家认为，在特质和类型的关系上，艾森克解决得相当出色。他把人格结构分为类型、特质、习惯反应和特殊（具体）反应四个水平。最底层的特殊反应水平，是个体对一次实验性试验的反应或在日常生活中所表现出来的一些最基本的"个别反应"（如最简单的一举一动），属误差因素，紧接着往上是习惯反应水平，例如重复实验或生活情境重新出现时，一个人会以相似的方式作出反应，属特殊因素。特质水平，是由一个人的习惯反应所构成的个人的人格特质，属群因素。最上层的类型水平，是基于人格特质的相互关系而显示的类型（例如，由社会性、冲动性、活动性、活泼性、兴奋性等人格特质构成的外倾类型，由坚持性、僵硬性、主观性、羞怯性、易感性等人格特质构成的内倾类型），属一般因素。受英国传统心理学中相关研究方法的影响，并在斯皮尔曼（Charles Edward Spearman，1863－1945）等统计学家思想的熏陶下，艾森克在揭示人格的研究中，主要采取实证的相关研究方法。艾森克通过相关的研究范式，运用因素分析的统计方法，提出人类的人格具有三个维度，分别为内外倾（Introversion-extraversion）、神经质（Neuroticism）和精神质（Psychoticism）。艾森克的这一人格理论在心理学界被称为人格的大三理论。艾森克曾和他的第二任妻子在世界上三十多个国家对自己所提出的人格三维度理论进行了验证性研究，并得出结论认为他的这一人格三维度理论在不同文化和国家中具有普适性。艾森克还从生物、生理的角度对自己所提出的人格三个维度的生理基础进行了解释。结合自己所提出的人格三维度理论，艾森克与妻子等编制了艾森克人格问卷，以便测量个体的人格。艾森克人格问卷被多个国家的心理学者翻译和修订，被用于本文化中个体的人格研究和个性测评。

在伦敦大学求学期间，他受英国的高尔顿（Francis Galton，1822—1911）、斯皮尔曼、伯特（Cyril Lodowic Burt，1883—1971）等人的心理测量思想的影响，开始从事智力研究。他认为，人是一个生物有机体，其活动同等地受制于生物因素（遗传、生理、内分泌腺）和社会因素（历史、经济等），这一观点决定了他的思想及研究方向。他认为，只强调生物因素或只强调社会因素都会阻碍科学的发展。艾森克曾先后出版专著《了解你的 IQ》（*Know Your Own IQ*，1962）、《检查你的 IQ》（*Check Your Own IQ*，1966）、《智力的测量》（*The Measurement of Intelligence*，1973）、《智力的结构和测量》（*The Structure and Measurement of Intelligence*，1979）、《智力：一种新的视角》（*Intelligence：the New Look*，1998）等，来阐述自己对智力的见解。艾森克将智力分为三种，包括生物学智力（biological intelligence）、心理测量智力（psychometric intelligence）和社会智力（social intelligence）。艾森克提出一种整合智力理论模型，认为心理测量智力（即 IQ）处于中心位置，该模型主要是通过流体智力测验获得的。左边最远端是 DNA，是未来发展的基因蓝图。左边的较近端由 DNA 和实际行为之间的生物媒介所组成，即生物学因素。这一原因链导致右边较近端的大脑皮质和中枢神经系统的活动，从而产生不同的结果，例如反应时、检查时等等。最后是产生具有社会性重要意义的右边最远端的结果，该结果是由生物和环境两个因素相互作用引起的，例如学业成绩等。艾森克还从生理的角度对自己所提出的智力理论进行了解释。

除了人格理论、智力方面的研究外，艾森克还对创造力、行为治疗、社会态度和政治行为等进行了研究。艾森克认为人格的精神质维度和创造力之间具有因果关系，并采用过度包括（overinclusiveness）和潜在抑制（latent inhibition）等来解释创造力的形成机制。艾森克反对精神分析，认为精神分析效果不如安慰剂的作用。他主张行为治疗方法，采用巴甫洛夫 A 型条件反应和巴甫洛夫 B 型条件反应来解释为什么有些已形成的条件反应在没有强化条件的作用下会马上发生消退，而另一些已形成的条件反应，在仅呈现条件刺激的情况下，条件反应并不是立即发生消退，而是先出现增强现象，艾森克把出现这一现象的时期称为潜伏期。艾森克认为，当最开始形成的条件反应强度大于关键强度点时，最适合的治疗方法是满灌疗法，如果最开始形成的条件反应强度小于关键强度点，采用系统脱敏的方法进行治疗效果会更好。艾森克在《政治心理学》（*The Psychology of Politics*，1954）一书中对社会态度与政治行为等进行了详细的分析性和验证性研究。艾森克提出社会态度的层次结构模型，认为社会态度由四个层次构成，分别为特定意见层、习惯性意见层、社会态度层和意识形态层。最底层为特定意见层，许多特定意见形成习惯性意见，多种习惯性意见又构成社会态度，各种社会态度形成最高层的意识形态层。社会态度由两个维度构成，分别为激进主义对保守主义、心地倔强性（Tough-minded）对心地柔和性（Tender-minded）。艾森克借鉴赫尔（Clark Leonard Hull，1884－1952）的学习理论来解释政治行为，认为政治行为主要通过学习得来的。想要了解一个人的社会态度，仅测量外在的行为反应是不够的，还应了解该个体的动机强度。只有在对个体的外在行为反应与动机强度均比较了解的情况下，才能比较准确地测量出个体的社会态度。在艾森克的晚年，他开始转向神秘主义，探讨超心理学（parapsychology）和占心术（astrology），并提出了自己的一些见解。

二、心理学史上的地位与贡献

艾森克是世界上最著名的心理学家之一[①]。由于艾森克的影响，心理学的"伦敦学派"进入到了 21 世纪[②]。艾森克在心理学的很多方面都有所建树，而在人格和个体差异方面的贡献最为突出。在当时世界上所有活着的心理学家中，他是文献被引用最多的一个[③]。备受欢迎的美国心理学期刊——《普通心理学评论》（*Review of General Psychology*）曾作了一项对 20 世纪的心理学家知名度进行评比的调查研究，结果表明在前一百名最著名的心理学家中，艾森克居第 13 位。艾森克继斯皮尔曼、伯特之后，领导着英国伦敦大学心理学系继续向前发展。他治学态度严谨，在科学研究上，他非常认真、细致。他常常运用自己的统计学知识，对其他学者的研究数据和结果中所存在的

① Sternberg R J. Hans Eysenck（1916－1997）：a tribute. Ablex Publishing Corporation，1997.

② Rushton J P. A scientometric appreciation of H. J. Eysenck's contributions to psychology. Personality and Individual Difference，2001：31.

③ Furnham A. Contribution to the history of psychology：CX-IV. Hans Jurgen Eysenck，1916－1997，1998：505.

错误进行指正。他那种为了求真而勇于与别人辩驳的精神，也是难能可贵的。例如，他认为智商在很大程度上是由遗传因素决定的，因此导致很多人认为他是一个种族主义者、纳粹主义者等，但他不以为意。他认为科学研究强调的是真实，而不是为了迎合某些人或某个政治集团的利益。由于他在科学研究上好斗的性格，因而被其他的心理学者称为心理学中的斗士。艾森克自己也写道："从青年时代的反纳粹主义，到反对精神分析，倡导行为治疗和遗传研究，及到最近在很多问题上的看法，我发现自己通常反对那些已经建立起来的理论。""在这些问题上，我希望大多数的观点是错误的，而我自己的是正确的。"① 所以一些心理学者认为艾森克是一个被很多人敬爱，却又让人又恨又敬畏的心理学家。由于他在个体差异研究方面的突出成就，艾森克 1988 年获得美国心理学会（American Psychological Association，APA）所颁布的荣誉奖；1994 年获得了美国心理学会最佳引用奖；由于他毕生对临床心理学作出的贡献，1996 年获得美国心理学会临床心理学分会百年纪念奖；1994 年获得美国心理学协会（American Psychological Society，APS）颁布的詹姆斯奖。

艾森克对心理学的贡献是广泛和显著的。艾森克处于最有影响和成就显著的心理学家之列，被许多人认为是 20

---

① EysenckH J. Development of a theory. In：Spielberger C D. Ed.，Personality，genetics and behavior：Selected papers. New York：Praeger，1982：298.

世纪后 50 年代中最伟大的心理学家①。在艾森克逝世之前，他是世界上研究成果被引用最多的心理学家。他一生出版了 79 部著作，发表了 1000 多篇文章。以致他的博士生导师伯特曾经把艾森克叫到身边并警告艾森克，说艾森克出版的书太多，那样做会显得他没有绅士风度，也是不合适的。艾森克的创造性工作表现在对许多同时代的研究者们所未接触的主题的研究。从动物行为的遗传到政治心理学，到最后的超心理学的可能性，艾森克的研究结果均具有一定的深度和权威性。艾森克所有的贡献中，最有影响的研究主题是人格。20 世纪 30 年代，人格的研究领域中占优势的取向为精神分析，以测量为基础的人格研究取向非常少。此时，艾森克对人格维度的测量与研究，准确定义了人格结构的基本可测量的维度，形成强有力的心理学或生物学理论的框架，现在被认为是人格研究历史上最重大的成就。艾森克认为人格处于心理学的核心位置，并把他的人格理论和研究引用到心理学的许多主题上，包括性、爱、婚姻、艺术、运动、学习、认知、智力、教育、政治行为、气质、情绪、犯罪和暴力、商业、工作和休闲，以及占心术和超心理学，并在这些领域的许多之中成为领导性的研究者。艾森克的人格维度，特别是内外倾和神经质，在许多国家和语言中，采用多种方法进行了重复性的科学检验。一百年前，心理学家们对人类本性中最复杂的方面——人格的了解微乎其微。而今天，由于艾森克对人格进行定量的研究，使得人

---

① Farly F. Obituaries：Hans J. Eysenck (1916−1997). American Psycholoigst，2000，6：674~675.

格心理学像其他心理学分支一样具有坚实的基础。艾森克在使人格心理学成为一门科学的道路上功不可没①。艾森克的一个博士生格雷（Jeffrey Gray）在为庆祝艾森克 80 岁高龄生日而作的一书《人类本性的科学研究》（*The Scientific Study of Human Nature*）前言中写道：

> 毋庸置疑，他的主要成就在于：他在令人惊叹的范围内把理论和实证结合到了一起……"人格的生物学基础"这一术语。他在人格这一研究领域建构的理论知识体系，对于实验和临床心理学来说极为重要，不仅界定了当今的这一研究领域的范围，而且确立了标准和这些理论在未来几十年里可能成为的模式②。

关于人格的遗传基础，艾森克自己认为，假如没有他的努力，即使是专家也可能仍然没能认识到。因此，艾森克在行为遗传方面的贡献，对于绘制人类的基因蓝图来说，越发显得重要③。艾森克在他的研究中心建立了几百对双生子数据库。世界各国的研究者们都能使用这一数据库。这一数据库在对影响人格和智力的特殊基因的研究中扮演着重要的角色。而这些基因正是人类基因组计划（Human

---

① Farly F. Obituaries：Hans J. Eysenck（1916－1997）. American Psycholoigst，2000，6：675.

② Gray J A. The man and his work：paradox and controversy. In H. Nyborg（Ed.），The scientific study of human nature：tribute to Hans J. Eysenck at eighty（pp. xi-xiii）. Oxford：Elsevier，1997.

③ Rushton J P. A scientometric appreciation of H. J. Eysenck's contributions to psychology. Personality and Individual Difference，2001：33.

Genome Project）的一部分。艾森克于 1980 年创办了《人格和个体差异》（*Personality and Individual Differences*，PAID）心理学杂志。根据 1998 年《杂志引用报告社会科学版》（*Journal Citation Reports Social Sciences Edition*），《人格与个体差异》杂志的影响因子（0.559）几乎与《欧洲人格杂志》 （*European Journal of Personality*）（0.820）、《人格研究杂志》（*the Journal of Research in Personality*）（0.956），以及《英国社会心理学杂志》（*the British Journal of Social Psychology*）（1.000）的影响因子一样大。

艾森克影响第二大的领域是他在治疗和临床心理学上的科学取向。艾森克是心理治疗和临床培训中以科学为基础取向的第一人[①]。他在伦敦大学所创建的心理学机构成为全世界对临床心理学进行严格和科学培训的机构中的典范。艾森克在临床心理学领域创建了第一种有关行为治疗的杂志《行为研究与治疗》（*Behavior Research and Therapy*）（1963 年创建）。根据 1998 年《杂志引用报告社会科学版》，艾森克所创建的《行为研究与治疗》的影响因子为 1.731，同类刊物《行为治疗》（*Behavior Therapy*）的影响因子为 1.195，比同类刊物《英国医学心理学杂志》（*British Journal of Medical Psychology*）（0.702）、《行为矫正》（*Behavior Modification*）（0.940）杂志、《临床心理学杂志》（*the Journal of Clinical Psychology*）（0.474）

---

① Farly F. Obituaries：Hans J. Eysenck（1916—1997）. American Psycholoigst，2000，6：675.

和《国际精神分析杂志》（*the International Journal of Psychoanalysis*）（0.898）的影响因子高很多。心理学家格雷在悼念艾森克的讣告里写道：

> 几乎与艾森克的人格理论同等重要的是，艾森克创建了一种经验可以检验的、以科学为基础的心理治疗方法——现在被称为"认知—行为治疗"（cognitive-behavioral therapy）。虽然艾森克自己没有进行临床工作，但他的研究机构是第一个在这一领域里进行程序性的研究和培训的机构。临床心理学的"Maudsley"模式已经在整个发达世界传播——不仅仅是在美国……①

除了在人格理论与治疗方面的贡献，艾森克在智力研究方面也成就突出，虽然他某些关于智力的观点引起了很大的争议。50 年以前，艾森克把人格和健康关联起来，他在促进健康心理学（health psychology）这一心理学分支的产生与发展中也扮演着重要的角色。艾森克在促进心理学的普及方面也有巨大贡献。他通过《心理学的使用与滥用》（*Uses and Abuses of Psychology*）、《常识和废话心理学》（*Sense and Nonsense in Psychology*），以及《事实和虚构的心理学》（*Fact and Fiction in Psychology*）等专著向广大的读者介绍如何正确认识心理学。

艾森克是一个真正的创造型天才。艾森克总能比其他

---

① Gray J A. The man and his work：paradox and controversy. In H. Nyborg（Ed.），The scientific study of human nature：tribute to Hans J. Eysenck at eighty（pp. xi-xiii）. Oxford：Elsevier，1997.

的人看得更远更清楚，想得更透彻。艾森克的核心价值观是"真理"（truth）。不管真理是否能达到，几乎没有人有追求真理的动力。艾森克却有这种动力，这也是他的魅力的源泉。如果未来的心理学家们能将宏大的心理学看得更远更深，是因为他们是站在了巨人艾森克的肩膀上[①]。

---

① Rushton J P. A scientometric appreciation of H. J. Eysenck's contributions to psychology. Personality and Individual Difference，2001：33.

第二章 艾森克人生历程

英国著名的心理学家艾森克 1916 年 4 月出生于第一次世界大战中德国柏林的一个很有声望的家庭。他的父亲艾杜阿德·艾森克是当时德国的一位非常著名的演员、歌唱家，曾是欧洲的一名舞台偶像。母亲艺名叫莫兰德尔（Helga Molander），是一位哑剧电影明星。艾森克在很小的时候就表现出演艺天赋，他曾在一部电影里成

汉斯·艾森克（Hans Jurgen Eysenck，1916—1997）

功地扮演了一个儿子的角色。他的父母都非常希望他将来长大后也从事演艺事业，但艾森克对演艺事业毫无兴趣。

在艾森克 9 岁的时候，他的父母像很多演艺圈的人一样离了婚，各自又重新组合了新的家庭。也是在艾森克 9 岁那年，他对神秘的性爱知识有了首度的接触。一次，艾森克陪他的父亲到慕尼黑去与他的继母见面。很不幸，当地正好在举行许多节日庆典，他们所在的旅馆客满了。旅馆主人很客气地让艾森克在他书房里的沙发上睡觉。虽然当时艾森克年龄很小，但已是一个很爱读书的人，所以他读遍了能得到的任何一本书。上床之后，他想找点东西来看看，找遍书房，只找到了一本有关性爱的书。艾森克和许多聪明的小孩一样，从小观察并认定大人都是狡猾的骗

子。他们教育人的说法和本身的行为差了十万八千里，很难说他们的行径究竟是可恶还是可笑。艾森克认为这本有关性爱的书属于可笑的一面。所以当艾森克看这本书时，禁不住大笑着翻下了床。后来艾森克的父亲进来弄清楚原因后，没收了这本书。从那以后，每当有老师或大人以权威的姿态出现在艾森克面前烦扰他时，艾森克就会放松自己，想象着面前的这个人在做曾经自己所看的那本有关性爱的书中描述的事。这可以使艾森克心情立即好起来，当其他人在滔滔不绝地数说自己的罪状时，艾森克往往能静坐聆听。后来，每当不得不参与一些会议时，会议过程中，艾森克也会运用自己的想象力，去想象那些参会人士的性事癖好，否则在参会时就会感觉乏味难耐。艾森克自己也承认自己喜欢"阅读有关色情书刊的书"，但不是喜欢"阅读色情书刊"。艾森克解释说这类似于一个心理学家在看脱衣舞表演时，看的是观众，而不是台上的表演者。

艾森克童年时代的大部分时间是和其外祖母一起度过的，正如他自己所说，他受父母的教育非常少。一次，艾森克的父亲说要教他骑自行车，结果却让艾森克一个人从山坡上向山下学滑车，而他自己却去用枪打飞碟。在德国读书期间，艾森克非常热爱物理学和天文学等自然科学，同时也是一个非常出色的网球运动员。艾森克小时候就表现出好斗的性格。一次上课时，老师让班上所有的学生唱歌，其他学生都按照老师的要求做，唯独艾森克不配合。当老师把他叫到讲台旁，准备用教鞭打他的手时，他立刻把老师的胳膊咬住不放。这种好斗性格在他后来的研究工作中表现得更为突出。上中学时，一次偶然的机会，他发现书店一个卖书的女孩非常漂亮，为了能更近距离地欣赏这位女孩，他假装到书店里去买书，就随手拿了一本新书。后来，他发现这是一本介绍康德（Immanuel Kant，1724－1804）哲学思想的书，这是他第一次接触哲学，但他对哲学没什么兴趣。从柏林的公立学校毕业后，反叛的艾森克决定不仅要从事物理与天文学的职业——这引起了他家人的不满——而且还要出国去深造。

为了逃避当时德国纳粹的统治，也由于他的母亲移居法国，艾森克于1934年到法国生活。艾森克曾谈道："如果我想读大学，就要面临加入疯狂的纳粹军队，我知道，在我那充满阴霾的家乡，我是没有前途的。"① 在法国生活了很短的时间后，他于1935年来到英国。1936年，艾森克来到伦敦大学正式接受心理学知识的教育。伦敦大学心理学系最初由英国著名的心理学家麦独孤（William Mc-Dougall，1871－1938）所建立，后来由斯皮尔曼和伯特发展起来。当时，伦敦大学心理学系偏重于心理测量和统计，并侧重于个体差异方面的研究，而当时英国的剑桥大学在严格的实验研究方面占优势。艾森克在英国伦敦大学师从心理学教授伯特，并在那里学习了斯皮尔曼和皮尔逊的统计学课程，受到了良好的统计学训练。他于1938年获得硕士学位，1940年以《实验美学》（*experimental aesthetics*）为标题的论文获得哲学博士学位，获得博士学位时年仅23岁。同年，他和他的第一任妻子大卫斯（D. Davies）结婚，他们唯一的儿子米切尔（Michael）于1944年出生，现为

---

① Eysenck H J. Development of a theory. In：Spielberger C D. Ed.，Personality，genetics and behavior：Selected papers. New York：Praeger，1982：289.

英国皇家霍洛威·贝德福学院（Royal Holloway and Bedford New College）的心理学教授，其主要研究领域是记忆和认知。米切尔一开始作为一名讲师在伯克贝克学院（Birkbeck College）工作，后来成为皇家霍洛威·贝德福学院的教授和领导者。米切尔和其父亲艾森克合著过几本书，其中最有影响的是《人格和个体差异：一种自然科学的倾向》（*Personality and Individual Differences*：*A Natural Science Approach*）。

　　由于当时艾森克的身份还是德国籍（1947 年艾森克才被批准成为英国公民），获得博士学位后，没被允许进入英国军事机构工作。所以，第二次世界大战期间艾森克在英国的一个急救医院工作。在急救医院短暂工作一段时间后，在心理学家伟伦（P. Vernon）的推荐下，他来到精神病学家刘易斯（A. Lewis）所领导的 Maudsley 精神病医院工作。刘易斯非常欣赏艾森克，对艾森克的工作给予了积极的支持，因此艾森克得到了机会充分展示自己的才华。1946 年，艾森克被邀请在 Maudsley 精神病医院创建一所心理学研究机构的，并被任命为这一心理学研究机构的领导者。在艾森克被刘易斯任命为精神病研究所中新成立的心理学研究机构的领导者时，艾森克曾对刘易斯许下了三项承诺：第一，将在英国创建临床心理学职业；第二，使新成立的心理学研究机构成为即使不是欧洲最好的，也是英国最好的心理学研究机构；第三，使在该机构学习的学生得到最好的培训。艾森克最终实现了自己许下的这三项诺言。艾森克设计了英国的第一套培训临床心理学家的程序。在短短的 9 年时间里，艾森克被聘为教授，他也是那个部门的唯一一个教授。在该心理学研究机构工作期间，艾森克通过研究，提出了人格的三维度理论，并出版了他的第一部专著《人格维度》。正是此书的出版，使得他的名声享誉国际心理学界。此后，他开始转向研究行为遗传学，并在英国倡导行为治疗法，后来主张认知行为疗法，反对精神分析。此后，他在伦敦大学创建了临床心理学机构，并创办了《行为研究与治疗》杂志，和美国的心理学家斯金纳（Burrhus Frederic Skinner，1904－1990）一起成为推广临床心理学职业的主要领导者。

1953 年，由于性格不合，艾森克和他的第一任妻子离婚，后与一位著名小提琴家的女儿罗斯特（Sybil Rostal）结婚。罗斯特也是英国的一位心理学家。艾森克和罗斯特共生育四个孩子。在艾森克取得的巨大成就上，罗斯特功不可没。艾森克人格问卷就是由其妻子罗斯特和他合编的。罗斯特自己在个体差异研究方面也有突出的成就。为了确定人格的三个维度是否具有普遍性，她曾在 34 个国家进行跨文化研究。1955 年，艾森克被任命为伦敦大学心理学教授。此后，他一直在伦敦大学从事心理学教学和研究工作，并多次应邀前往美国讲学。在美国讲学期间，艾森克和许多著名的美国心理学家建立了深厚的友谊，例如提出智力三维结构模型的心理学家吉尔福特（Joy Paul Guilford，1897－1987）等。艾森克在人格、智力、行为治疗、行为遗传学等方面都颇有建树。在艾森克的晚年，他开始转向研究超心理学、占星术（astrology）等领域的一些问题，并取得一定的成就，直到 1997 年去世，享年 81 岁。

艾森克教授是以关于人格的实验研究闻名世界的。他曾巡回多国讲学，曾任美国宾州大学和加州大学客座教授。

艾森克极力提倡心理学实验的逻辑性与科学性，他对当代许多借假心理学之名，而未加实例验证的心理学思潮力予抨击。

尽管艾森克没有按照父母的期望从事演艺职业，但他并没有离开公众的眼睛。艾森克似乎总在寻求机会投入心理学界影响最大的争论之中。1952 年，他发表了一篇论文，挑战心理治疗方法的有效性。他特别地指责了精神分析方法。他谈道，实践证明，与其去接受精神分析治疗，还不如不接受任何治疗。艾森克曾在牛津心理协会的一届年会上进行演说，他认为心理分析治疗不是使患者逐步痊愈的主要因素，有 2/3 的神经症患者会在一定时间内自然痊愈。结果，演讲结束时，一位著名的精神病学教授挥舞着拳头从走道中向艾森克跑去，并高声喊着：“背叛者！背叛者！”幸好此时有朋友中途劝阻，使得艾森克免受任何身体上的攻击。当他指出个体智力方面的差异很大程度上是遗传导致的时候，引发了更大的争议。虽然他的观点在今天已广为人们接受，但是他经常被不公正地与那些认为智力存在遗传上的种族差异的人相提并论。1980 年，艾森克出版了一本书，他认为吸烟导致的各种健康问题并不像许多人想象的那样严重。当人们发现这本书大受烟草商欢迎时，指责更加强烈了[①]。艾森克认为自己总是扮演着《皇帝的新装》寓言故事中那位年轻的孩子，高声叫着“你看啊！他没有穿任何衣服在身上啊！”

艾森克是一位聪明、博学、好斗的心理学家。艾森克

---

① ［美］杰瑞·伯格著．陈会昌等译．人格心理学．北京：北京轻工业出版社，2004：173.

因一生好斗的风格被一位传记作家描述为"知识界的斗士"①。艾森克也很喜欢这一称呼。他写道："从我青年早期与纳粹对立开始，到我与弗洛伊德的投射技术的对立，提倡行为治疗和遗传研究，再到近期的许多争论，我经常站在现有理论的对立面，反对这些理论。""（但是）我更愿意认为在这些争论中多数人是错的，而我是对的。"② 一生中，艾森克写了 1000 多篇有关心理学的文章，出版了 79 部著作。其主要著作有：《人格维度》（1947）、《人格的科学研究》（1952）、《政治心理学》（1954）、《知道你自己的IQ》（1962）、《人格的生理基础》（1967）、《人格结构和测量》（1969）、《智力测量》（1973）、《精神质作为人格的一个维度》（1976）（和妻子罗斯特合著）、《犯罪与人格》（1977）、《智力的结构和测量》（1979）、《人格模型》（1981）、《人格、遗传和行为》（1982）、《智力模型》（1982）、《占星术——科学还是迷信?》（1982）、《人格和个体差异：一种自然科学的方法》（1985）、《行为治疗的理论基础》（1987）、《遗传、文化和人格：一种经验的方法》（1989）、《犯罪的原因与治疗》（1989）等。

---

① Gibson H B. Hans Eysenck: the man and his work. London: Owen, 1981: 253.

② Eysenck H J. Development of a theory, In C. D. Spielberger, Ed., Personality, genetics and behavior: Selected papers. New York: Praeger, 1982: 298.

第三章　艾森克心理学介绍

一、思想渊源

艾森克一生涉足心理学的很多领域，而且在各个领域里都有自己的见解和主张。究其思想渊源，主要来自于三个方面的影响，即哲学的、科学的、心理学的。从哲学背景来看，英国的经验主义（Empiricism）、法国哲学家孔德的实证主义（positivism）思想对其影响深远；从科学背景来分析，艾森克主要受物理学和进化论（evolution）思想的影响；从心理学背景来寻求思想渊源，他曾受很多前辈心理学家思想的熏陶。

1. 哲学根源

从哲学背景来看，经验主义、实证主义哲学思想对艾森克有重要的影响。经验主义心理学是起源于 17 世纪英国的一种哲学心理学思想。它由弗兰西斯·培根（Francis Bacon，1561－1626）所开创，经过洛克（John Locke，1632－1704）、贝克莱（George Berkeley，1685 － 1753）、休谟（David Hume，1711－1776）等人的发展，极大地影响了 17～19 世纪的英国和欧美等许多国家的心理学研究①。英国的经验主

---

① 杨鑫辉. 心理学通史. 济南：山东教育出版社，2000.

义心理学最主要的特点是强调感觉经验是知识的来源,认为无论人们获得多么复杂的知识和观念,其根源都可以在感觉经验中找到。在方法论上,经验主义者主张以观察和一定程度的实验作为主要研究方法,反对传统的纯粹理性思辨。例如,培根反对经验哲学,提倡科学方法。他认为应该以观察取代所有权威的假设,主张应用归纳法研究自然界,即广泛收集各种经验材料,以实验和观察为基础,进行理性的分析和比较,最终找出事物的规律。这是当前心理学研究中一种主要的理论依据。洛克提出著名的"白板"说,认为人类婴儿的心灵就像"白板"一样,一切知识都是从后天的经验中获得的,等等。英国的经验主义心理学提倡科学的研究方法,这在促进实验心理学的诞生方面,起到推动性的作用,并为实验心理学提供了理论和方法指导的基础。

实证主义由 19 世纪中叶法国哲学家孔德(Auguste Comte,1798－1857)所创造。后来经过发展,出现了第二代实证主义和第三代实证主义,即经验实证主义和逻辑实证主义。所谓实证,指的是具有"实在"、"有用"、"确定"、"精确"、"肯定"、"相对"等意义的东西。孔德实证主义的基本原则,在于认为哲学应当以实证自然科学为依据,以可观察和实验的事实和知识为内容;摒弃神学和思辨形而上学等研究的那些所谓绝对的、终极的,却无法证明的抽象本质。即以实证的知识来代替神学和形而上学的思辨概念①。孔德认为科学分类应从最单纯、最抽象、最一般的科学开始分类,再依次按较复杂、较一般和较具体

---

① 刘放桐等.现代西方哲学.北京:人民教育出版社,1981:38.

的科学进行分类。他认为研究生命发生、发展、变化的一般规律的生理学，比专门研究社会中的人的社会学抽象，因此社会学应以生理学为基础，生理学的发展应先于社会学的发展。总体上来说，实证主义采用"客观""中立"的科学观，认为观察先于理论而存在，而观察者是中立的。在科学研究的过程中，科学家应是中立的观察者，他们不带有任何偏见，不偏不倚地观察和记录外在的事件、状态和过程，用客观的言语描述事实，从中发现客观规律。实证主义对心理学的影响主要表现为：在使心理学成为一门独立学科的过程中起了重要的方法论作用，后来又直接为经典行为主义提供方法论指导。

我们在艾森克的思想中可以看到经验主义和实证主义的影子。艾森克谈到心理学研究应该遵循五条科学原则，其中一条就是任何一个心理学的结论必须是有依据的，这些依据必须是经验性的，是可以通过实验证实的，任何没有证据的结论都是不能被认可的。他认为心理学应该成为自然科学的一个不可分割的部分。艾森克在进行具体研究时，主要侧重于量的研究，力求研究方法的科学性和研究结论的可证实性。而且他在其自传中也谈道："那种坐在安乐椅上抽象思辨性的、形而上学的东西是不可相信的，那些结论是没有依据可循的。"[①] 另外，在艾森克的理论中，不论是他的人格理论、智力理论还是创造力等理论，艾森克都从生理基础和生物学的角度对其成因进行解释。这与

---

① Eysenck H J. Rebel with a cause: the autobiography of Hans Eysenck. Transaction Publishers, Rutgers—The state University, New Brunswick, New Jersey, 1996: 14.

孔德所认为的社会学应以生理学为基础的观点是一脉相承的。

2. 科学启迪

在科学背景方面，物理学、进化论和巴甫洛夫（Ivan Petrovich Pavlov，1849－1936）的神经兴奋—抑制理论对艾森克都有重要的影响。

19世纪初，随着机械论自然观的日益成熟，物理学、生理学、生物学和化学等领域，都涌现出大量举世瞩目的成就。这些自然学科取得了巨大成功，使得其他一些学科顶礼膜拜，并积极地效仿这些学科的研究法则以期获得成功，心理学也不例外。许多心理学者试图把心理现象归结为机械运动，一律用力学规律对这些现象加以解释。到了19世纪末，韦伯（Ernst Heinrich Weber，1795－1878）、费希纳（Gustav Theodor Fechner，1801－1887）等人首先将自然科学中盛行的观察与实验的方法应用到心理学研究中，为心理学中的科学主义取向奠定了基础。自然科学研究的几大法则也顺理成章地被科学主义取向的心理学者们照搬过来，即客观论、还原论、决定论和定量分析。这些思想给了艾森克很大的启示。他在研究过程中，也侧重于量的研究，认为每一个结论都必须有依据可循。而且，他对其他心理学者的研究结果也会进行严格的实验验证。不仅如此，他还主张将心理学看做自然科学的一个组成部分。艾森克主要从生理基础的角度来解释人格、智力等的形成，用生理现象来解释心理现象，表现出还原论倾向。

除了物理学的影响外，艾森克更大程度地受到进化论思想的影响。进化论思想最早可追溯到古希腊时代。古希腊著名的思想家赫拉克利特（Heraclitus，约公元前535—公元前475）提出了万物皆变的思想，这可以看做是进化论思想的根源。后来的进化论思想家拉马克（Lamark，1744—1829）进一步提出了获得性遗传的思想，他认为有机体在适应环境的过程中所形成的性状可以通过遗传保留下来，传递给后代。英国著名的生物学家、进化论者达尔文（Charles Robert Darwin，1809—1882）通过大量的研究，发现拉马克的观点是错误的，并提出了物种进化中的自然选择法则。在达尔文的《人与动物的表情》一书中，他详细地论述并证实了人与动物心理的连续性。他认为在人类长期的历史进化过程中，某种情绪反应与特定的情境之间经过无数次的对应，形成固定的习惯性联合，并以遗传的形式延续下来，发展成为人类现有的表情。与达尔文同时代的，达尔文的表弟弗兰西斯·高尔顿（Francis Galton，1822—1911）深受达尔文进化论思想的影响，也强调遗传、进化对个体的影响。高尔顿热衷于个体差异的研究，最终成为一个遗传决定论者。高尔顿通过对双生子的研究，证明了心理特性的遗传性。他认为不仅是造成天才或低能儿的智力因素，甚至是个体道德、性格、理智上的差异都是由遗传决定的，并且，他首创了优生学①。

　　进化论思想主要是从生物学的角度来研究人的特征，而艾森克的思想几乎是这些观点的延续。艾森克侧重于个体差异的研究，在他的人格类型理论、智力理论中都非常强调生物基础、遗传进化的作用。他用生物基础来解释人格的三个维度，认为人的智力中包含生物学智力，生物学

---

① 杨鑫辉．心理学通史．济南：山东教育出版社，2000：419～427.

智力主要是遗传得来的。并且，他认为一个人的智力中 80％是由遗传获得的。他曾说："我觉得人格最主要的，也是最基本的维度有可能是那些在变异上具有进化意义的维度，而进化史有可能是通过这些维度上那些由基因决定的个体差异表现出来的。"①

巴甫洛夫的神经类型学说、经典条件反射学说（classical conditioning reflect）对艾森克后来提出人格三维度理论，并在解释人格三维度中的内外倾的生理基础时，使用抑制理论有重要的启发作用。巴甫洛夫按照神经系统兴奋或抑制过程的强度、均衡性及灵活性把神经系统的活动分为四种类型。巴甫洛夫认为这四种类型的活动特点与希波克拉底（Hippocrates，公元前 460－公元前 370）所提出的四种气质类型表现出的特点是相似的。艾森克在探讨人格维度时，常常涉及巴甫洛夫的神经系统类型的研究。艾森克认为外倾人的大脑皮质抑制过程强，而兴奋过程弱，其神经系统属于强型，因而忍受刺激的能力强；内倾的人兴奋过程强而抑制过程弱，其神经系统属于弱型，因而忍受刺激的能力弱。而且艾森克曾以经典条件反射概念为基础做过很多实验。在心理治疗方面，艾森克主张行为治疗。他认为所有的行为治疗都应以巴甫洛夫的经典条件反射理论为基础，对于神经症的形成与消退的原因，应以巴甫洛夫的经典条件反射和赫尔的学习理论作为解释基础。对于为什么在一些情况下，会出现已形成的神经症不是发生消退，而是增强的现象这一问题，艾森克采用巴甫洛夫 B 型

---

①　Eysenck H J. Personlity and factor analysis：A replay to Guilford. Psychological Bulltin，1977：84，405～411.

条件反射来解释。

3. 心理学熏陶

从心理学的角度来分析，希波克拉底的气质体液说、奥尔波特（Gordon Willard Allport，1897－1967）的特质（trait）理论、荣格（Carl Gustav Jung，1875－1961）的类型理论、赫尔（Clark Leonard Hull，1884－1952）的学习理论、斯皮尔曼的智力理论和心理测量观等对艾森克都有直接的影响。

古希腊著名的医学家希波克拉底根据人体内所含四种体液的不同比率，把人的气质分为四种类型，即胆汁质、多血质、黏液质、抑郁质。不同气质类型人的行为表现也不一样。冯特把体液学说中这种气质分类又往前发展了一步，他认为多血质和胆汁质可归为可变性的特征，抑郁质和黏液质属于不可变性的特性，并用可变性和不可变性代替内倾和外倾，称为第一人格维度。他认为第二维度是情绪性。情绪性气质包括胆汁质和抑郁质，与之相对的多血质和黏液质为非情绪性。这样就得出两个连续可变的人格描述维度：可变性－不可变性，情绪性－非情绪性①。艾森克的人格结构类型理论就是以这四种气质类型理论为基础的。而且艾森克把人格维度中的内外倾（Introversion-extraversion）、神经质（Neuroticism）（高神经质和低神经质）两个维度的四个方面相结合形成四种类型，即外倾高神经质、外倾低神经质、内倾高神经质、内倾低神经质。通过比较发现，艾森克划分的这四种类型人的外部表现与

---

① ［英］艾森克，威尔逊著，杨键，王燕译. 如何了解你自己的个性. 沈阳：辽宁科学技术出版社，1989：2.

上述传统的气质理论的四种类型的表现是很相似的。

人格特质理论的创始人奥尔波特认为完备的人格理论必须具有能够代表生活综合（living synthesis）的测量单位，这种测量单位就是特质①。奥尔波特区分了个人特质和共同特质，认为心理学更应该研究个人特质。但他认为并不是所有的个人特质都是重要的，因此，他把特质分为首要特质、中心特质和次要特质。艾森克受其影响，在他提出自己的人格层次模型时，也认为特质是人格结构的一个层次。与奥尔波特不同的是，艾森克认为在特质水平之上，还有比特质更一般的水平——类型。

荣格认为，在与世界的联系中，人的精神有两种倾向。一种倾向指向个人内部的主观世界，称为内倾；另一种倾向指向外部环境，称为外倾。艾森克通过相关研究和因素分析，提出了人格的层次模型及人格的三个维度。他认为类型在人格层次模型中处于最高水平，而内倾和外倾是人格的一个维度。内倾的人易受周围环境的影响，容易形成条件反射等，而外倾的人不易受周围环境的影响，很难形成条件反射等，这和荣格的描述是相似的。但艾森克对这些特点的起因所做的描述与荣格不同，而且艾森克不赞同荣格关于潜意识对个体内、外倾人格特质影响的观点。

由于受行为主义思想的影响，艾森克在其治疗观点上提倡行为治疗，反对心理分析，强调治疗上的干预。新行为主义的代表人物之一赫尔在解释行为的消退时采用抑制（inhibition）概念。他认为行为消退是抑制的结果，并提出了两种抑制类型，分别为反应抑制（reactive inhibition）

---

① 黄希庭. 人格心理学. 杭州：浙江教育出版社，2002：193.

和条件抑制（conditioned inhibition）。后来艾森克在解释内、外倾的生理基础时，也用了赫尔的反应抑制概念，认为外倾的人比内倾的人反应抑制更敏感，因而更容易对给定的活动感到厌倦而转向另一项活动。赫尔在解释学习的形成时，分别使用了接近、强化（reinforcement）、内驱力（drive）等概念，并用内驱力来解释行为发生的动力。艾森克受赫尔理论的影响，主张应用行为治疗方法来治疗有心理障碍的人，并认为赫尔的学习理论是行为治疗的基础；在解释神经症的形成和消退时，艾森克认为应以赫尔的学习理论作为依据之一。艾森克在区别巴甫洛夫 A 型条件反应和巴甫洛夫 B 型条件反应之间的不同时，认为形成这两类条件反应的原因之一是个体不同行为的驱动力不同。艾森克从行为驱力的角度来分析：当只有条件刺激时，已形成的条件反应的强度是继续增强，还是直接发生消退的现象——这是受赫尔驱力理论影响的结果。

在智力研究的过程中，注重心理测量，采用因素分析的方法，始于斯皮尔曼，经塞斯顿（Louis Leon Thurstone，1887－1955）传承，后来发展到吉尔福特（Joy Paul Guilford，1897－1987）。作为因素分析的创始人，斯皮尔曼认为心理学的对象——人——是可以通过客观方法和定量方法来研究的。斯皮尔曼对情绪性-神经质和内外倾做了精确的定义和测量。斯皮尔曼也是第一个证明了智力双因素理论的人。他认为智力由两种因素构成：一般因素（general factors）和特殊因素（specific factors）。斯皮尔曼认为人能否完成的任何一种作业都是由这两种因素决定的。一般因素是个体的基本能力，它是决定个体在智力测验上表现如何的主要因素。特殊因素则与特殊能力或特殊测验相关。斯皮尔曼认为一个个体可能拥有几种特殊因素，这些特殊因素之间可能是相互独立的，也可能是相互联系的，但是它们必定都包含一部分的一般因素。艾森克接受心理学知识的教育和后来的工作都是在伦敦大学。在那里学习和工作的，他深受斯皮尔曼、伯特等思想的影响，所以在后来的研究过程中，艾森克也主要侧重于心理测量，注重运用因素分析的方法。艾森克也认为智力包括一般因素和特殊因素。虽然特殊因素对于整体的贡献是很小的，但是在特殊的情境中，处理特殊事情时，这些特殊因素是很重要的。艾森克主张运用心理测量的方法来确定个体之间的差异，认为应该对儿童进行智力测验，以便让不同的儿童接受不同类型的教育。

二、艾森克心理学体系

艾森克一生聪明、博学，具有很强的创造性和丰富的研究成果。在英国伦敦大学求学和工作期间，由于受心理学中伦敦学派思想的影响，他侧重于运用心理测量的方法来研究心理现象，非常重视人格和个体差异的研究。他在人格、智力、行为治疗、政治心理学和超心理学等方面都进行了深入而细致的探讨。

1. 心理学的几点基本主张

有关身心关系问题、遗传和环境问题、基础心理学和应用心理学之间关系问题等，心理学家们一直没有达成共识。不同的研究流派，由于它们在研究取向和方法论上的不同，对这些问题有不同的看法；不同的学者，由于他们的人性观和价值观的不同，而各抒己见，仁者见仁，智者见智。艾森克在自己的研究生涯中，对这些问题也提出了自己的看法。

第一，遗传与环境问题。人的心理和行为是由遗传决定的，还是由环境决定的，还是遗传与环境共同决定的呢？历史上一些学者认为是由遗传因素决定的；另一些学者则认为是由环境决定的。艾森克从生物和社会两个方面来考察人，认为人是一个生物和社会的有机结合体。他认为个体在受生物因素影响的同时，还受社会环境的制约①。一方面，由于受进化论思想的影响，艾森克在他的理论中非常强调遗传因素对一个人的影响，但他并非完全地接受达尔文的进化论思想。另一方面，他也反对那些认为一个人的心理和行为完全是由环境决定的观点。这一主张否定了那些认为艾森克是一个彻底的遗传决定论者的心理学家们对艾森克的看法。

第二，身心关系问题。身心关系问题是哲学里一个非常重要的问题。在近代西方哲学中，有关身心关系的看法，大体上包括身心一元论和身心二元论。身心一元论主要表现为唯心论和唯物论。身心二元论者认为身体和心理是两个独立的实体。根据身心这两个独立的实体之间是否发生相互作用，身心二元论又分为身心交感论和身心平行论。身心交感论是由法国哲学家笛卡儿（Réné Descartes，1596—1650）提出的。笛卡儿认为身体和灵魂是根本不同的东西，但同时他又认为灵魂的作用与身体密不可分。他

---

① Eysenck H J. Rebel with a cause: the autobiography of Hans Eysenck. Transaction Publishers, Rutgers—The state University, New Brunswick, New Jersey, 1996: 64.

认为灵魂与身体是完全互相结合，互相渗透的，灵魂对身体的特别部分起作用①。但是，德国古典哲学的先驱莱布尼茨（Gottfried Wilhelm Leibniz，1646－1716）反对笛卡儿的身心交感论，主张身心平行论。他认为身心之间是相互独立的，两者之间不发生任何相互作用，并把与心理活动相对应的身体上的表现看成是上帝事先安排的。艾森克就身心关系问题提出了自己的见解。艾森克主张身心一元论，认为不应该把身心看成是相互独立的物质②。他认为身心之间的关系就像物理学中的时空关系一样，两者是一个连续体。虽然艾森克认为身心之间是连续体的关系，主张身心一元论，但是，他没有继续更深入地探讨身心谁先谁后的问题，所以不能确定他的观点是唯物主义的还是唯心主义的，表现出他在身心关系问题上的含糊性。

第三，方法论问题。艾森克主张心理学中的相关研究和实验研究应该协调、统一，不应该处于独立、分离的状态，各自为政。他认为只有这两种研究方法联合起来，才能促使心理学成为一门统一的科学③。虽然艾森克看到了心理学研究中只强调一种方法的片面性，主张多种方法的整合，但是他所提倡的方法多元论，只是科学实证主义范围内的方法整合，而没有把人文取向的现象学方法整合到

---

①　唐钺. 西方心理学史大纲. 北京：北京大学出版社，1994：62.

②　Eysenck H J. Rebel with a cause：the autobiography of Hans Eysenck. Transaction Publishers，Rutgers—The state University，New Brunswick，New Jersey，1996：64.

③　Eysenck H J. Rebel with a cause：the autobiography of Hans Eysenck. Transaction Publishers，Rutgers—The state University，New Brunswick，New Jersey，1996：65.

一起。而且，艾森克所主张的心理学的统一，也只是以科学主义为标准的统一，只是在科学主义心理学范围的统一，这不是心理学真正的统一，是有其片面性的。

第四，基础心理学和应用心理学之间关系问题。在当代西方心理学中，最大问题就是基础心理学和应用心理学之间的分裂。传统的西方心理学中，基础心理学占据统治地位，而应用心理学，特别是临床心理学往往被忽视，甚至受到排挤。但是，自第二次世界大战以后，临床心理学得到了迅速的发展，而且占据了上风，基础心理学越来越被忽视。以至于在美国，那些从事基础研究的心理学家们为了维护自己的利益，从传统的美国心理学会（APA）中独立出来，成立了一个新的学会组织，即美国心理学协会（APS）。在这一问题上，艾森克的观点是有利于心理学整合的。他认为应用心理学和纯研究的心理学之间没有绝对的界限，即基础心理学和应用心理学之间应该整合起来[①]。但是，他认为心理学应更倾向于应用科学，而不是严格的实验研究，在心理学研究中应考虑到人的整体性，及现实生活性。

第五，客观性问题。艾森克认为，心理学中的每一个结论都应该有充分的依据，没有依据的结论是不能被接受的，也就是强调结果的可证实性[②]。这正是艾森克所强调

---

① Eysenck H J. Rebel with a cause: the autobiography of Hans Eysenck. Transaction Publishers, Rutgers—The state University, New Brunswick, New Jersey, 1996: 65.

② Eysenck H J. Rebel with a cause: the autobiography of Hans Eysenck. Transaction Publishers, Rutgers—The state University, New Brunswick, New Jersey, 1996: 66.

的，应将心理学纳入自然科学，使心理学成为自然科学中不可分割的一部分的观点。

2. 认识你的人格

心理学一向是与人息息相关的。人首先是一个单独的个体，在相同的情境下，他们可以做出各不相同的行为。因此，所有建立于人类行为规律上的法则，都应按那些由人类本性所决定的差异来修改和矫正。这直接导致了心理学家对个体差异的关注和研究。心理学在研究人类的一般心理规律的同时，不应忽视对个体差异的研究①。正如人们常说的那样，"人心不同，各如其面"。社会学家常问："破碎的家庭会制造犯罪吗？"教育学家常问："在激励孩子时，赞赏比责骂更有效吗？"这样的问题可以说是毫无意义，也不可能有明确的答案，毕竟不同的人需要不同的处理方法。对于内向的孩子用赞美的方式比较好，对于外向的孩子则应多用责骂的方式来教育。同样，容易焦虑的孩子和心理稳定的孩子对于同一问题的反应也不尽相同。破碎的家庭对不同的孩子往往有着不同的影响。人与人之间的共同性和差异性都是心理学家关注的问题，这种关注集中体现在对人格（personality）的研究上。心理学旨在研究人类的行为，而它的主要课题无疑在于人格研究。倘若我们能将人格理论的现代化观念融入到那些对老鼠进行实验的研究，和那些针对社会层面的研究里去，那么心理学可以说是真正步入正轨了。人格是许多学科共同的研究对象，而人格心理学是心理学学科体系中唯一从整体的视角

---

① ［美］艾森克，威尔逊著，杨健，王燕译．如何了解你自己的个性．沈阳：辽宁科学技术出版社，1989：7.

探究人性本质的一门学科。人格心理学更为关注人与人之间的差异性和特殊性。正是由于这一特点，人格心理学不仅在心理学的学科体系内部处于重要地位，而且在所有关于人的生命科学、社会科学和人文学科中也处于基础性的位置①。

一门科学需要有一个基本概念才能立足。化学的基本概念是原子，生物学的基础在于细胞的观念，遗传学的基础是基因。那么心理学的立足点在哪里呢？艾森克认为，人格便是心理学的基础单位，为了符合科学要求，这个概念的前因与后果必须被精确观察、正确衡量而且明确定义。人格统合着心理学各领域，没有任何一门入流的实验心理学或社会心理学能够摒弃"人格"为其根本的概念②。从对神经中枢和皮质的解剖及其生理结构，贯穿于神经学的概念——如唤醒等，直到研究学习、条件反应、知觉等个别差异的实验心理学探讨都是如此。其中连接虽然粗糙，但确有脉络可循，这些便是人格概念的先决条件。至于后果方面则包括各种社会现象，包括神经质、犯罪、反社会行为、性方面的行为态度、社会态度等等笼统的层面，以及个别的行为类型，如私生子的产生、意外、倾向或运动天赋等。这种因果关系的大致情形，可以用图表的形式来表现，如图 3-1，前因和后果是可以观察得到的变项，而中间则为最重要但无法直

① 郭永玉，张钊．人格心理学的学科架构初探．心理科学进展，2007：267～274.

② ［美］艾森克著．张康乐译．心理学与现代社会．台北：桂冠图书公司，1992：13.

接由观察得到的人格概念①。

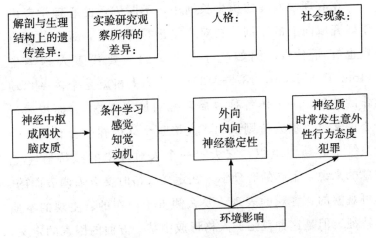

图 3-1 人格与解剖、生理结构和社会现象的连带关系

上图说明了人格与解剖、生理结构和社会现象的连带关系。假设一个人天生具有强烈而持续的情绪——尤其是具有恐惧和焦虑的倾向，同时其脑皮质经常处于高度唤醒状态，这种状态会促使他产生强烈的条件反应。实验中，这种人在面对电击威胁时，会表现出很强的生理恐惧反应。他们的条件反应既快又强烈。他们的人格特征必然显现出内向型，并具有潜在的神经质。一旦环境条件变得恶劣，便很容易使他们精神崩溃，从而表现出焦虑、恐惧、强迫性反应，以及沮丧反应等特征。相反，脑皮质经常处于非唤醒状态的个体，则不易形成条件反应，这种冲动性人格往往容易导致反社会行为。

---

① ［美］艾森克著，张康乐译. 心理学与现代社会. 台北：桂冠图书股份有限公司，1992：15.

人格界定及其层次模型

在心理学发展的历史长河中，不同流派的心理学者由于研究取向上的不同，在对人格进行界定时，观点的侧重点也有所不同。例如，行为主义的主要代表人物华生（John B. Watson，1878—1958）认为人格就是个体一切动作的总和，是个体各种习惯系统的最终产物[1]。而特质论心理学家奥尔波特则认为，人格是个体内在的、心理物理系统中的动力组织，它决定一个人对环境的独特适应[2]。总的来说，不同的心理学家在定义人格时要么强调表面的、可观察的、客观的表现，要么侧重于内在的、主观的本质特征。但是这种只强调人格形成中某一方面的因素的定义，必定会带来一些问题。例如，定义人格时强调外部的行为的做法虽然比较客观，但结果却是元素主义和还原主义的表现，因为这些定义把人格还原为最简单的刺激—反应，甚至是肌肉的收缩和腺体的分泌；相反，如果强调内部的本质特征，结果会导致定义的主观性。相对来说，心理学家沃伦（H. C. Warren）的人格定义为较多的人所接受。沃伦认为，人格就是一个个体区别于其他个体的，所有认知、情感、意动和身体特征等方面的整合体[3]。对于这种定义，艾森克非常赞同，他自己在定义人格时，也采用整合的方法，主张内外结合。他认为人格是一个人实际的或

① Waston J B. behaviorism. New York：People's Inst. Pub.，1924：23～194.

② Allport G W. Personality：a psychological interpretation. New York：Holt，1937：48.

③ Warren H C. Dictionary of psychology. Boston：Houghton Mifflin，1934：23.

潜在的行为模式的总和，由遗传和环境两个方面共同决定；人格是通过四个主要因素之间的相互作用形成和发展的①。这四个因素分别是：认知因素（智力）、意动因素（性格）、情感因素（气质）和体格因素。艾森克认为智力是一种先天的心理能力，是稳定持久的认知行为系统。性格侧重于行为的力量、坚持性、准备性、快速性等方面，而不是行为的正确或错误、好与坏的方面。气质是指个体稳定的、持久的情感和行为系统，包括引起情绪刺激的、习惯力量、其易感性和反应速度，占优势的情绪特性，以及情绪的波动和强度特性等。体格类似于意志（will）的概念，主要是强调活动的力量，而不是气质所强调的它对刺激对象的指向性。体格是稳定持久的身体外貌和神经、内分泌腺等先天系统②。

在对人格进行定义的同时，艾森克还对另外几个概念进行了解释，包括特殊反应（specific response，SR）、习惯反应（habitual responses，HR）、特质和类型。他认为特殊反应是个体对某一次实验的反应或对每天生活经历的反应。特殊反应是一次性观察到的，可能是一个人的特征，也可能不是一个人的特征。习惯反应是指在相同或相似的情境中能再次发生的特殊反应。

至于"类型"和"特质"两个概念，许多研究者认为如果在一种人格理论中，使用了"类型"概念，就不能使

① Eysenck H J. Dimensions of personality. Routledge and Kegan Paul Ltd, 1947：25.

② Eysenck H J. The structure of human personality（3rd ed.）. London：Methuen，1970：2.

用"特质"概念；使用了"特质"概念，就不能使用"类型"概念。因为"特质"理论的前提假设是，测量的某一特征在人群中是一个正态分布，是一个连续体；而"类型"理论的前提假设是，测量的某一特征在人群中是一个两极分布。例如，按照"类型"理论，某一个体要么是外向的，要么是内向的；而按照"特质"理论，某一个体所以处在一个连续分布曲线任何一点上。但是，艾森克认为"类型"和"特质"不是两个非此即彼的概念，而是两个具有包含关系的概念。他认为"类型"是由观察得到的、一些具有共同特征的不同特质组成的；"特质"是由观察得到的、一些具有共同特征的不同习惯反应组成的①。这两者的划分，是依据它们之间的决定或包含关系，而不是它们的分布状况进行的。依据艾森克的观点，"类型"一词比"特质"一词更抽象，"类型"处于更高的水平上。例如，个体的内倾性人格特点是一种类型。它是通过观察发现那些情绪稳定、好静、不爱社交、冷淡等特质具有某些共同的内部联系，然后将这些内部联系抽象出来而形成的。另外，艾森克还就特质与状态的关系作出了一些解释：个体都有其主要的、稳定的和持久的个性特点和倾向，他们在这些方面所表现出的差异，称为特质；个性特质要有与其相一致的行为；个性特质可通过相关法进行识别评定；个性特质主要取决于遗传因素；个性特质可以用问卷的方式予以测量；特质与情境造成的短暂的内部条件，称为"状态"；个性状态可以用问卷的方式予以测

---

① Eysenck H J. Dimensions of personality. Routledge and Kegan Paul Ltd, 1947: 28.

量；个性特质和状态在解释人的行为时是必不可少的中介变量或调节变量，在某种程度上它们可被纳入适当的理论体系；特质和状态与行为之间的关系是间接的，并受到其他多种因素之间相互作用的影响①。

在对一些相关概念进行解释的基础上，艾森克提出了一种人格结构的层次模型。在人格结构这一问题上，心理学家之间也存在分歧，即人格特质的一般性和特殊性之争，就是个体的人格特征是随环境的改变而改变的，还是在各种不同的环境中，个体总是表现出某种稳定的人格特征这一问题。一些心理学者认为，不存在一个稳定的、持久的人格成分，人格仅仅是刺激—反应元素之间的结合②。因此，在不同的情境中，一个个体就会表现出不同类型的人格特点，即个体的人格随环境、刺激的变化而变化，具有特殊性。但是另一些心理学家（如奥尔波特等）则认为在人格结构中，一般性更突出。这些心理学者认为人格具有更多的一般的、相对稳定的、持久的成分，人格特质不会随环境的变化而发生改变。但是，这两种取向都存在绝对性的问题，因为许多实验研究表明，行为、态度和情感都同时具有特殊性和一般性两个方面。艾森克曾对各种非保守性人群的政治和社会态度做过研究，结果表明个体人格的特殊性成分和一般

① ［美］艾森克，威尔逊著，杨键，王燕译. 如何了解你自己的个性. 沈阳：辽宁科学技术出版社，1989：8.

② Guthrie E R. Personality in terms of associative learning. In: Hunt J M V. (Ed.), Personality and the behaviour disorders. New York：Ronald，1944：15.

性成分对个体的影响几乎是相同的[①]。在这些研究的基础上，艾森克提出了他的人格层次模型（hierarchical model of personality）。

艾森克认为人格具有一定的层次结构，在这一层次结构中，既有一般性成分，也有特殊性成分。这一层次模型包括四个不同的水平：类型水平、特质水平、习惯反应水平和特殊反应水平（见图 3-2）。在这四个水平当中，特殊反应水平处于最低层次，类型水平处于最高层次。其中特殊反应水平和习惯反应水平表现为人格的特殊性，而特质水平和类型水平表现为人格所具有的一般性。这四种水平可以通过一个具体的例子来说明（见表 3-1）[②]：

表 3-1 艾森克人格结构观举例

人格因素的等级水平	举例（假如有这样一个人）
特殊反应水平	整个晚上都在与朋友谈话。
习惯反应水平	一周内有好几个晚上都是与朋友一起度过的。
特质水平	长期观察此人，发现他把周末和晚上等休闲时间基本上都花在社交、聚会一类的活动上，显示出好交际的特质。
类型水平	你会发现此人除了好交际，还表现出冲动、主动、活跃等倾向，所有这些特质就构成了外向型这一类型。

艾森克认为，这四种水平是和他通过因素分析所发现

---

① Eysenck H J. Type of personality—a factorial study of 700 neurotics. J. ment. Sci. 1944.

② 郭永玉. 人格心理学：人性及其差异的研究. 北京：中国社会科学出版社，2005：47.

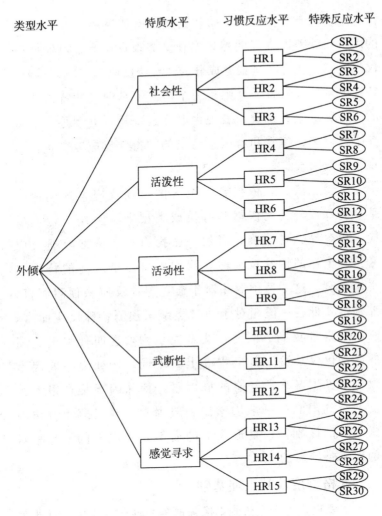

图 3-2　人格的层次模型

的四种类型的因素相一致的。这四种因素分别是：一般因素、群因素、特殊因素、误差因素（error factors）。一般因素是指在所有的测验中都出现的因素；群因素是在某些测验中出现，在另一些测验中不出现的因素；特殊因素则仅在某一次测验中出现，而在其他所有的测验中都不出现的因素；误差因素仅偶然地出现。艾森克认为，习惯反应仅仅是一个抛弃了其误差成分的"特殊反应"，其形成一个特殊因素；某一特质，则是一个抛弃了其误差和特殊变量的"特殊反应"系统，表现为群因素；某一类型是一个抛弃了其误差、特殊和群因素变量的"特殊反应"变量，表现为一般因素。

艾森克认为，依据某一个人的习惯反应来预测他的某一特殊反应，比依据其特质或类型来预测这一特殊反应，更容易、更准确。当然，在我们不能依据习惯反应来预测个体的特殊反应时，我们也可以借助他的特质水平来预测，这一种预测相对于通过习惯反应来预测而言，准确性要低些；但相对于通过类型来预测特殊反应而言，它的准确性更高。同时，艾森克认为，这四种因素之间的区别仅仅是发生概率程度上的不同。例如说一般因素仅仅是发生得非常普遍的群因素，特殊因素是在很大程度上受到限制的一般因素。一般因素、群因素和特殊因素之间的区别，仅是形式上的而不是实质上的，是相对的而不是绝对的①。

人格维度及其生理基础

艾森克认为，人格既不像强调独特性的哲学家所认为的那样独一无二，也不像行为学家所认为的那样可以用通则解释。人格所涵盖的某些维度，与我们切身的问题可谓息息相关，这些维度可将人们就其高低予以分类，如内外向。这样

---

① Eysenck H J. Dimensions of personality. Routledge and Kegan Paul Ltd, 1947：31.

我们就可以把全部的人口区分为几个重要的组群①。

在一项研究中，艾森克随机选取了 700 名具有反应性精神疾病的人，对他们进行测量，并对测量的结果作因素分析，结果发现了四个主要的因素。第一个因素也是最普遍的因素是神经质，神经质在所有的病人中所占比例最大。第二个因素表现为两极分布，一极表现为歇斯底里（hysteria）；另一极表现为情感不良（dysthymia）。至于剩下的两个因素，艾森克认为不是很重要。通过分析比较，艾森克认为，神经质因素类似于麦独孤（William McDougall，1871－1938）所提出的自重情感（self-regarding sentiment）概念，以及巴甫洛夫的神经机能能量（strength of nervous functioning）概念。艾森克认为，神经质因素在人群中的分布接近于正态分布。至于第二个因素，艾森克认为，它们在人群中的分布也接近正态分布，而且它们与荣格的内外倾概念是相似的。情感不良类似于荣格的内倾概念，歇斯底里则类似于荣格的外倾概念②。

经过大量的研究，艾森克认为内外倾、神经质是两个相对独立的因素，并把这两个因素作为人格的两个基本维度。艾森克认为内外倾和情绪性（神经质）是两个互相垂直的维度。以内外倾为横坐标轴，以神经质为纵坐标轴，作一个平面图形成四个象限，分别对稳定外向、稳定内向、不稳定外向和不稳定内向四种人格。它们组织起艾森克认

---

① ［美］艾森克著，张康乐译. 心理学与现代社会. 台北：桂冠图书股份有限公司，1992：22.

② Eysenck H J. Dimensions of personality. Routledge and Kegan Paul Ltd，1947：73.

为的 32 种基本特质，并且与古希腊的四种气质类型相对应（见图 3-3）。稳定外向型包括：善交际、开朗、健谈、易共鸣、随和、活泼、无忧无虑、领导力 8 种特质；稳定内向型包括：被动、谨慎、深思、平衡、有节制、可信赖、性情平和、镇静 8 种特质；不稳定外向型包括：敏感、不安、攻击、兴奋、多变、冲动、乐观、活跃 8 种特质；不稳定内向型包括：忧郁、焦虑、刻板、严肃、悲观、缄默、不善交际、安静 8 种特质。艾森克认为这一理论是经得起考验的。在许多国家所进行的各项研究证明它的确如此。当然，艾森克也认为这一理论并不是放之四海而皆准的。在一些组群中它还没有被验证过，如爱斯基摩人。不过，这些例外无足轻重。同时，艾森克认为，这一人格维度理论是人类普遍的特征，不论是在今天或两千年前的希腊都是一样。

图 3-3 艾森克的二维度人格结构模型

你认为自己在这一模式里属于哪种类型？假如你是典

型的外向型，那么艾森克就会把你描述为"开朗的、冲动的和非抑制的，有广泛的社交接触并经常参加群体活动。典型的外向型人是社交的、喜欢聚会，有许多朋友，需要有人与之交谈，并不喜欢一个人读书学习"①。内向型人是"安静、退缩、内省的人，不喜欢交往而喜欢读书。自我保守，除了亲密朋友外，与人的距离较远"。当然，大部分人都是在这两个极端之间，但我们每一个人或许都有一点倾向于这边或那边②。艾森克还认为，从这一人格模型图，可以猜想到分布在不同象限中的人，其职业或工作性质也是有所不同的。例如，军队中的跳伞员和突击队员大多数分布在多血质象限里，他们性格外向、情绪稳定，甚至在儿童中也能发现这种关系，那些学游泳特别快的儿童大多分布在多血质象限。罪犯较多地分布在胆汁质象限。神经症患者多分布在抑郁质象限。罪犯和神经症患者这两种类型的人都明显地表现出情绪的不稳定性，但犯罪者多表现为外倾，而神经症患者多为内倾。科学家、数学家和有成就的商人大多分布在黏液质象限。显然，他们的黏液质行为没有扩及他们的工作中去。当然，艾森克也认为，上述的这些关系不是绝对的，它们只是一种倾向，尽管有些联系相当确定和明显。因此，不是所有的罪犯都是胆汁质，也不是所有胆汁质的人都是罪犯。在决定一个人到底是成为神经症病人、运动员、罪犯、跳伞员，还是一个成功的

---

① Eysenck H J. Eysenck S B G. Manual for the Eysenck Personality Inventory. San Digo，CA：Educational and Industrial Testing Service，1968：6.

② ［美］杰瑞·伯格著，陈会昌等译.人格心理学（第六版）.北京：中国轻工业出版社，2004：147.

商人的众多因素中，人格只是其中的一个因素。个人的心理及身体、能力、运气、机会和其他多种因素都对人的前途有着影响。人格是重要的一个因素，但不是唯一重要的。艾森克的这一模型无论从科学性上还是从审美形式上都是难得的好模型。从科学性上讲，外向性和神经质性这两个基本人格维度，经过后来的许多重复研究，到现在可以说已经得到了充分的验证。也就是说，它们确实是两个相互独立的（不具有相关性的）基本人格维度。从审美形式上讲，这一模型简明、对称、圆满，给人一种很好的科学美感①。

后来，艾森克又把精神质加入到人格维度中，提出人格的三维度理论，在西方心理学界又称为"大三"（big three）②，即内外倾、神经质、精神质。这三个人格维度分别简称为 E、N、P。艾森克通过进一步的研究表明，内外倾、神经质两个维度与运用卡特尔（Raymond Bernard Cattell，1905－1998）的 16PF 所作的进一步因素分析的结果是相似的，即将卡特尔通过问卷获得的特质作进一步的聚合或分组，就可得到与艾森克的内外倾、神经质维度相似的二阶因素。但是，艾森克比卡特尔强调的维度要少，并注重卡特尔所强调的因素或特质上位的类型水平③。艾森克认为，人格的三个维度之间，不是相

---

① 郭永玉．人格心理学：人性及其差异的研究．北京：中国社会科学出版社，2005：48.

② Saggino A. The big three or the big five? A replication study. Personality and Individual Difference，2000：28.

③ ［美］珀文著，周榕等译．人格科学．上海：华东师范大学出版社，2001：42.

互排斥、非此即彼的。每个人在这三个维度上都有不同程度的表现，而极少有单一类型的人。对于具体的某个人来说，通常在这三个维度上，他在某一维度上的得分比较高，而在另外两个维度上的得分相对较低。例如，一个人表现得非常外向，同时有些神经质和极少的精神质；而另一个人表现出极少的外向，但也有些神经质和精神质。为了确定个体的人格类型，艾森克编制了艾森克人格问卷来进行测量。

　　对于精神质这一维度，不同的心理学家之间还存在争论描述。第一，维度命名问题。精神质维度最初是用来描述处于一个极端的精神病人和另一个极端的正常人之间的位置。虽然患精神病的人在这一维度上得分很高，但有许多没有精神病的人在这一维度上的得分也很高，如罪犯和具有创造性的艺术家等。因此，有研究者认为，假如依据临床的标签来对这一维度进行定义，精神病态（psychopathy）可能比精神质更加合适①。心理学家扎克曼（Marvin Zuckerman）认为用一个单一标准的名字来反映精神质因素的特征非常困难，因为这一因素包括很多种特质，并主张采用冲动的、未社会化的感觉寻求（impulsive unsocialized sensation seeking）来命名。更概括和适当的命名是社会异常（social deviance）或不顺从（nonformity）。第二，维度结构问题。Eysenck 认为，与他的人格三个维度相比，"大五"人格的随和性和尽责性不是"基本的"，而是处于

---

　　① Zuckerman M，Kuhlman D M.，Camac C. What lies beyond E and N? Factor analyses of scales believed to measure basic dimensions of personality. Journal of Personality and Social Psychology, 1988：96～107.

一个比精神质更低的概括水平上①。但是，迪戈曼（Dig-man）通过对精神质量表的 25 个项目进行分析发现，25 个项目中有 21 个分别立足在随和性或尽责性上，并认为精神质因素基本上就是"大五"因素的随和性和尽责性，与"大五"的其他几个因素处于同一水平②。另有研究表明，精神分裂型（schizotypy）特质与精神质之间不存在明显的线性关系，精神分裂型与精神质分别代表精神病理学的不同方面，它们之间不是通过任何简单的方式相关联的③，精神质和精神分裂型特质是两种不同的人格结构维度。

在提出人格的三维度理论之后，艾森克对他的理论作了几点说明。第一，他认为他的三维度人格理论是可以验证的。艾森克的妻子曾在 34 个国家进行跨文化研究，以证明"大三"人格理论具有普遍的外部效度。哲学家波普尔（Karl Raimund Popper，1902－1994）曾提出不可证伪的理论不能作为科学的论断。波普尔把证伪主义方法作为科学与非科学的划界标准，把可证伪作为科学不可缺少的特征。在此基础上，艾森克还增加了自己的观点，认为仅仅能够证伪，还不能说某一理论就是科学的，还必须保证，这一理论对于其他的研究具有指导作用。第二，艾森克认为某一科学理论必须是经过不同的研究者，使用不同的方法、不同的工具，及在不同的人群中都可证实的。他认为

① Eysenck H J. A reply to Costa and McCrae：P or A and C—the role of theory. Personality and Individual Differences，1992：867～868.

② Digman J M. Higher-order factors of the Big Five. Personality and Individual Differences，1997：1246～1256.

③ Karimi Z，Windmann S，Güntürkün O，Abraham A，et al. Insight problem solving in individuals with high versus low schizotypy. Journal of Research in Personality，2007：473～480.

自己的人格三维度理论是符合这一要求的。第三，艾森克认为他的人格维度，是人作为生物社会型动物的主要特征，这一理论不仅有生物效度，而且也部分地被环境、社会和文化因素所决定。他认为人格维度的生物因素是以遗传为基础的，遗传在决定人格的维度中作用重大，而不是某些心理学家所认为的遗传因素在个体差异方面没什么影响。第四，对于某一具体的人来说，艾森克认为在一般情况下，这个人在人格维度上的具体位置是相对不变的。也就是说，一个人的人格特点一旦形成，就很难改变。例如，一个外向的人，总表现出外向的人格特点。当然，艾森克也认为，如果个体经历了一些特殊的事件或受到了特殊的环境影响，那么他的人格特点也有可能发生改变。例如，第二次世界大战时被关押在纳粹集中营的人，他的人格特点可能会发生改变。第五，艾森克认为一种科学的理论模型，在不同的文化背景下应该都是适用的。他认为，虽然个体之间存在文化和种族上的差异，但是人格三个维度的生物基础在全世界范围内都是相同的。为了证实他的这一观点，他的妻子罗斯特曾使用艾森克人格问卷，分别在 34 国家进行跨文化研究，研究对象具有不同的文化、政治和种族背景。结果表明：不同文化背景中的个体，都具有这三个主要的人格维度的特征，只是不同国家的个体之间，在这三个维度上得分的高低有所差异。例如，日本人在内向和神经质上的平均得分比美国人高。第六，艾森克认为他的人格维度理论不仅适用于人，而且在动物中也是适用的。他曾和心理学家哈洛（Harry Frederick Harlow，1905—1981）等共同进行了一项关于猴子的"人格"特点的实验研究。在连续两年的时间里，他们有规律地观察猴子的行为，并对观察结果进行因素分析。他们抽取出了三个主要的因素，结果发现这三个因素非常类似于神经质、内外倾和精神质①。

艾森克在提出人格三维度理论的同时，也分析了每一个维度的具体表现。艾森克认为，内外倾维度是人类性格的基本类型。构成外倾的特质包括：好社交、活泼、好动、武断、寻求刺激、快活、好支配人、感情激烈、好冒险。我们可用这些形容词描述外向性得分高的人，而用这些形容词的反义词来描述外向性得分低（内向）的人。外倾的人具有情绪冲动和难以控制、爱交际、喜社交、冒险等特点。内倾的人具有情绪稳定、好静、不爱社交、冷淡、不喜欢刺激、深思熟虑等特点。外倾的人追求刺激，内倾的人回避刺激。典型外倾的人好社交，喜欢聚会，有很多朋友，好热闹，凭冲动办事。内倾的人则较安静、好反省、谨慎、深思熟虑，很少冲动的行为，喜欢有规律的生活，不喜欢充满偶然性和冒险性的生活。内倾的人对疼痛更敏感，更容易疲倦，喜欢单独度假，较少受暗示，但更多地接受了社会禁忌，因此更受抑制和约束。在学习上，外倾的人更多地受表扬的影响，内倾的人更多地受惩罚的影响。即外倾的人学习中会更多地追求表扬，内倾的人则更多地在避免惩罚。这与荣格所描述的人的两种态度倾向很相似，但艾森克对荣格的有关内外倾原因的解释，以及荣格关于个人潜意识决定内外倾的观点持反对的态度②。

---

① Eysenck H J. Rebel with a cause：the autobiography of Hans Eysenck. Transaction Publishers, Rutgers—The state University, New Brunswick, New Jersey, 1996：198～202.

② Eysenck H J, Eysenck M W. Personality and individual differences：A natural science of approach. New York：Plenum, 1985：48.

神经质又称情绪性。神经质这一维度表现为从异常到正常的连续特征。构成神经质的特质包括焦虑、抑郁、内疚、低自尊、紧张、不理性、害羞、喜怒无常、易动情（见图3-4）。这些形容词可用于描述神经质性得分高的人，而这些形容词的反义词可则用于描述神经质性得分低的人。高神经质的人情绪易变，经常抱怨说很苦恼、焦虑，并且常常感到身体不适（如头痛、头昏、胃痛等）。他们是情绪不稳定或情绪化的人，在情绪上往往表现出过度反应，对很小的挫折和问题也有很强的情绪反应，并且当他们体验到一种情绪以后，要经过较长的时间才能恢复常态。而低神经质的人则很少情绪失控，很少有大起大落的情绪体验。情绪稳定的人，情绪反应轻微而缓慢，并且很容易恢复平静，不易焦虑，这种人稳重、温和，容易自我克制。情绪不稳定的人表现为高焦虑，他们喜怒无常，容易激动。当外倾和情绪不稳定性同时出现在一个人身上时，很容易在不利情境中表现出强烈的焦虑。艾森克进一步指出：情绪性与植物性神经系统特别是交感神经系统的机能相联系。

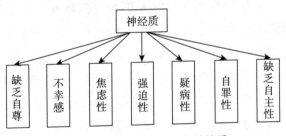

图 3-4 神经质维度所包含的特质

精神质维度是艾森克后来才提出的一个维度。这一维度也表现为从异常到正常的连续特征。在精神质维度上得高分的人，表现出倔强、固执、粗暴、强横和铁石心肠的特点。这样的人，性情孤僻，对他人漠不关心，心肠冷酷，缺乏人性，缺乏情感和同情心，是令人讨厌的孩子，对周围的人和动物缺乏怜悯，攻击性强，甚至对很亲密的人，也会常常表现出恶意。低精神质的人具有温柔心肠等特点①。艾森克认为所有低精神质人的共同特性是在思维和行动方面表现得非常迟缓②。精神质在所有的人身上都存在，只是表现程度不同。但是，如果个体表现出明显的精神质，则容易行为异常。

总的来说，每一种人格类型从其本身来讲，没有好坏之分，不像智力那样分数越高越好。人格是很难用与智力类似的方法来评价的。很明显，外倾有许多优点，它使人有较好的社交能力，乐观愉快，不断进取。具有这种人格特质的人，乐于与人接近，同时也容易受到别人的欢迎。他们能成为很好的伙伴或合作者，谈吐诙谐风趣，常常给别人带来欢乐，能使他们的社会与社会生活融为一体。这些特征是外向人的财富。但另一方面，他们容易经常更换朋友，朝三暮四，容易厌倦，要他们去做枯燥无味或耗时长久的工作是很困难的。内向人正好与此相反。从工作上来看，他们不喜欢那些与人打交道的工作，如导游员等。因此，我们不能说外向优于内向，或内向比外向好，它们只是平等的两种不同的类型。每一种个性倾向都有自己的优劣，对于一个人来说认识到这一点是很重要的。只有这样一个人才能发挥自己的优势，努力改善自己的薄弱之处，扬长避短。"凡事没有全好与全坏，思索能认识其中之好与其中之

---

① 黄希庭．人格心理学．杭州：浙江教育出版社，2002：214～215.
② Eysenck H J. Fact and fiction in psychology. Baltimore：Penguin Books，1965：27.

坏。"——对于芸芸众生来说，这句话是十分正确的。天下万物都可以使其优以获益，避其劣以免害，人格犹然。

艾森克还从生理基础的角度对它们的形成分别给予了解释。首先，关于内外倾的生理基础，艾森克借鉴巴甫洛夫的有关大脑皮质兴奋和抑制理论，用以解释具有内外倾特性的人在行为上的不同表现。他认为外倾类型的人，大脑皮质抑制过程强、长和快，而兴奋过程弱、慢和短，其神经系统属于强型，因此忍受刺激的能力强；内倾类型的人，大脑皮质兴奋过程强、长和快，而抑制过程弱、慢和短，其神经系统属于弱型，因而忍受刺激的能力弱。可以看出，外倾的人兴奋过程强度弱，发生慢，持续时间短，因此难以形成条件反射；内倾的人兴奋过程强度强、发生快、持续时间长，因此容易形成条件反射。一种非常有趣的螺旋后效实验的结果也表明了内外倾与大脑皮层的兴奋过程和抑制过程有关。人们注视一个转动的螺旋，注视一定时间后螺旋停止转动，这时人们会看到与螺旋运动相反方向的运动现象，在心理学中称为螺旋后效。艾森克等人发现倾向性不同的人，螺旋后效的持续时间有明显差异，越是外向的人螺旋后效时间越短。这是由外倾人的兴奋过程的特点所决定的。1976 年雷维尔（Revelle）等人作了一项研究，他们推论内向的人在正常条件下，大脑皮层已经具有高度的兴奋水平，如果进一步提高他们的兴奋水平，那么就会降低他们的工作效果。外向的人在正常条件下，大脑皮层兴奋水平相对较低，若提高他们的兴奋水平，就会提高他们的工作效果。实验结果支持了艾森克的观点。内向的人在做语言能力倾向测验时，在放松的条件下（如不限制时间），他们得分高；但是给他们服用提高大脑皮层兴奋性的药物（如咖啡因）或在时间上加以限制，他们的得分就急剧下降。而外向的人，则大不相同，他们在放松的条件下得分低，在时间压力（时间上加以限制）和兴奋性药物作用下，他们的得分就会提高①。

外向的人追求刺激，内向的人回避刺激。我们在日常生活中经常能发现这种情况，外向的人一般喜欢吃刺激性和口味重的食物，他们抽烟多喝酒也多，喜欢参加冒险性的活动，他们的性行为和恋爱次数也较多。外向的人和内向的人在审美方面也有显著差别，外向的人一般喜欢深色，内向的人一般喜欢淡色。在药物作用方面，兴奋剂的作用相当于内向者的人格特点，抑制性药物的作用相当于外向者的人格特点。外倾的人大脑皮质的抑制过程较强，其反应慢而弱，所以他们希望通过更多地接触外界环境（如参加聚会、进行冒险活动等）来寻求感觉刺激。而内倾的人兴奋性强，抑制过程弱，大脑皮质对刺激所作出的反应既强又快，仅能忍受微弱的刺激，所以他们总是避免从外界环境中获得刺激。艾森克曾做了一项实验研究来证实这一观点。他让外倾和内倾的人接受同等强度的痛觉刺激，并要求他们能忍受多长时间就坚持忍受多长时间。结果发现，外倾的人比内倾的人能忍受更长的时间，感到疼痛的外倾被试少于内倾被试，艾森克认为这是由于外倾的人抑制过程强的原因②。后来，艾森克还运用了赫尔的反应抑制概念来解释内外倾人的行为表现。赫尔认为引发行为消退的

---

① Revelle W，Amaral P，Turriff S. Introversion/extroversion, time stress，and caffeine：effect on verbal performance. Science，1976：149～150.

② Eysenck H J. Fact and fiction in psychology. Baltimore：Penguin Books，1965：83.

抑制有两种，它们分别是反应性抑制和条件性抑制。所谓的反应性抑制是指个体对某个刺激重复多次反应之后，其反应强度会因多次反应而趋于降低①。在动物条件反射实验中，刺激物的持续作用使得有机体不断重复地活动，因而产生机体疲劳，而疲劳最终使动物的反应削弱或消失，这就是反应性抑制②。艾森克认为外倾的人比内倾的人反应抑制更敏感，因此外倾的人更易于对给定的活动感到厌倦而转向另一活动。考虑到大脑皮质的兴奋、抑制很难测量，后来，艾森克使用唤醒（arousal）概念来解释内外倾人的行为表现。唤醒，即个体身心随时准备反应的惊觉状态。一般认为，唤醒状态与中枢神经系统中的上行网状激活系统有关。艾森克认为内倾人的大脑皮质唤醒水平天生比外倾人的高，因此，对于同样强度的刺激，内倾的人比外倾的人体验的强度更高，因而更敏感。艾森克还认为极强或极弱水平的刺激会使人产生消极的情绪体验，只有中等强度的刺激才能让人产生积极、快乐的情绪体验，刺激强度水平与内外倾者情绪体验之间的关系呈倒 U 型③（见图 3-5）。外向者上行激活系统的激活阈值较高，因此，对于给定的刺激水平，他们的唤醒水平比内向者要低。外向者偏低的唤醒水平，是促使他们参与外向性活动的一个重要原因。他们乐于从事高唤醒的活动，更喜欢令人兴奋的刺激，是为了将自己的唤醒提高到适当的水平。另一方面，对于一定的刺激，内向者大脑皮层的整体唤醒水平较高，他们更乐于从事低唤醒的活动，如散步、阅读、听舒缓的

①③ 黄希庭．人格心理学．杭州：浙江教育出版社，2002：216.
② 杨鑫辉．心理学通史．济南：山东教育出版社，2000：324.

音乐等,可能是为了使其皮层的唤醒降低到适当的水平。心理学者卡姆贝尔和哈里(Campbell 和 Hawley)曾对这一观点进行了证实。他们要求大学生做艾森克人格问卷,并回答在读书的过程中每小时分心的次数、对周围噪音及读书过程中社交活动的喜爱程度。结果发现内倾的人更喜欢安静的环境,分心的次数少;而外倾的人喜欢在读书时,周围有更多的视觉和听觉刺激,分心的次数也多,更容易产生反应抑制①。

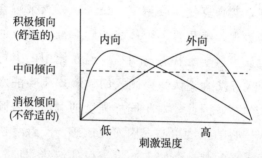

图 3-5　艾森克对内外向适宜刺激强度的解释

遗憾的是,许多研究都没有发现艾森克所说的皮质唤醒基率水平的差异②。有研究表明,当处于休息或睡眠状态时,内向者与外向者的大脑电活动没有显示出差异③。

---

①　Campbell J B. , Hawley C W. Study habits and Eysenck's theory of extraversion-introversion. Journal of Research in Personality, 1982: 139~146.

②　[美]杰瑞·伯格著,陈会昌等译.人格心理学.北京:北京轻工业出版社,2004:174.

③　Swickert R J, Gilliland K. Relationship between the brainstem auditoy evoked reponse and extraversion, impulsivity, and sociability. Journal of Research in Personality, 1998: 314~330.

另有大量研究表明，内向者比外向者对刺激更敏感①。这说明，当处于外部刺激中时，内向者的唤醒更迅速也更强烈。当置身于嘈杂的音乐声或活跃的社交活动的刺激中时，内向者更容易被唤醒。因此，现在很多研究者根据人对刺激的敏感性的不同来描述外向者和内向者，而不是根据艾森克所提出的皮质活动几率的不同来区分他们。但是，这两种方法的意义从本质上来讲是相同的。由于生理上的差异，内向者很快就会被喧闹的社交聚会的刺激搞得晕头转向，而外向的人则认为这样的聚会令人愉快。观看慢节奏的电影或听舒缓的音乐时，外向的人很快就厌倦了，因为比起内向者来说，他们不太容易被这样微弱的刺激唤醒②。

至于神经质的生理基础，艾森克最初把自主神经系统（autonomic nervous system）看做神经质的生理解剖基础。自主神经系统包括交感神经（sympathetic）和副交感神经（parasympathetic），它们在功能上是相拮抗的。交感神经有增强兴奋的作用，而副交感神经有抑制兴奋的作用③。自主神经系统受边缘系统（limbicsystem）的调节，来控制人的情绪。因此，艾森克认为在神经质维度上得分高的人，在心率、呼吸、皮肤电反应、血压等等方面反应会更强烈。但这一观点遭到其他心理学者的质疑。后来，艾森克把边缘系统看做神经质的解剖结构。他认为高神经质人的边缘激活阈值较低，交感神经系统的反应性较强，因此他们对

---

① Stelmack R M. Biological of extraversion: Psychophysiological evidence. Journal of Personalilty，1990：293～311.

② ［美］杰瑞·伯格著，陈会昌等译．人格心理学．北京：北京轻工业出版社，2004：174～175.

③ 彭聃龄．普通心理学．北京：北京师范大学出版社，2001：45.

微弱刺激往往作出过度反应。艾森克还认为焦虑与神经质有许多相似之处。焦虑源于神经质和内倾的混合物，它是在神经质量表中得分很高的内倾者的典型特征。

精神质是艾森克人格理论中较晚才提出的一个维度，至于其解剖结构，到目前尚不明确。但是，通过艾森克人格问卷测量，艾森克发现男性在精神质上的得分总是高于女性。罪犯和精神病患者在精神质维度上的得分高，而这些人大多数也是男性。女性比男性较不易患精神分裂症。依据这些研究结果，艾森克认为精神质可能和男性内分泌，特别是雄性激素的分泌有关。但是，目前还没有确切的证据支持雄性激素与精神质之间联系的推测①。

由于艾森克把人看成是生物社会性的人，因此，艾森克认为人格的发展是由遗传和环境交互作用形成的。不过，他认为遗传的生物因素在这个过程中起着更大的作用。遗传对内外倾和神经质两个主要人格维度，大约占了 3/4 的影响面，而环境的影响只占 1/4。艾森克强调人格具有稳定性。人格在很大程度上取决于人的基因，每个人都是他父母基因的偶然组合，环境能对个体人格做一定程度的矫正，但影响极为有限。人格如同智力，遗传影响占绝对优势，环境对这两个方面只能做一些轻微的改变，或起到某种限制或促进作用。当然，艾森克也指出这种结论仅限于他们那一代人，以及他们的文化，同时是对整体人口的平均数而言，并非对每个人都有这样的比例②。艾森克从三

---

① 黄希庭．人格心理学．杭州：浙江教育出版社，2002：219.

② ［英］艾森克著，张康乐译．心理学与现代社会．台北：桂冠图书股份有限公司，1992：34.

个方面证明了人格类型具有很强的遗传基础。第一，虽然不同国家、不同地区、不同文化的人，由于受这些因素的影响而有所不同，但他们普遍地具有人格的这三个维度。为了验证文化是否对个体的人格产生影响，艾森克及其妻子曾在许多国家和地区进行艾森克人格问卷调查，作跨文化研究。这些国家和地区包括希腊、埃及、法国、冰岛以及中国的香港地区等。结果表明，虽然这些被调查者具有文化上的差异，但他们的人格类型仍然表现为三个主要的维度。艾森克还用青少年艾森克人格问卷对许多国家的儿童进行了测量，结果表明他们和成人的研究结果相同①。第二，虽然个体在一段时间里能产生各种各样的经验，但其基本的反应类型没有明显的变化。艾森克通过一系列纵向研究，结果表明从童年到成年，虽然时间间隔很长，在这个过程中，个体可能受到各种文化因素的影响，但是他们的人格维度仍然保持稳定。第三，对双生子的研究表明，基本人格类型具有很强的遗传基础。同卵双生子的人格比异卵双生子的人格要相似得多，即使同卵双生子分别在两个不同的家庭中被抚养长大，情况仍然如此。而且还发现，在不同家庭中成长起来的同卵双生子，比在同一家庭中一起成长起来的异卵双生子的人格还要更相似。另外，同卵双生子神经症的同病率和同时犯罪的比率也相当高。即双生子之一患有神经症或犯罪，他的同卵兄弟或姐妹也很可能患神经症或犯罪。但在异卵双生子中，这种一致性非常低。对养子的人格和智力的研究也表明，尽管这些儿童一

---

① Eysenck H J, Eysenck M W. Personality and individual differences: A natural science of approach. New York: Plenum, 1985.

出生就离开了亲生父母，然而他们的人格和智力更像他们的亲生父母而不是养父母。以致艾森克曾说：

> 许多父母为养育他们的子女而忧心忡忡，为一些自认为不当的地方而责备自己，好像他们在抚养子女中的行为，对子女的人格、能力和成就具有决定性的意义，这是一个悲剧。事实很简单，父母对孩子的影响极为有限。他们对子女未来的主要贡献，在他们把各自的染色体融为一体，并使他们的基因构成一种单一的模式时，业已完成。这个融合的种子决定了孩子的长相、行为、人格和智力。如果父母认识到天性对他们的下一代早已运筹帷幄，那么他们该是多么的轻松和如释重负啊①！

　　但是，艾森克也认为人格是可以发展变化的。虽然基因已在很大程度上决定了人的人格、气质，一般情况下，环境不能给人格带来多大改变。但不排除这种可能性，即特殊情况、特殊环境，或许能使人格发生明显的变化。尽管遗传因素决定某些行为倾向，但环境因素也能使个体的行为发生改变。例如，外倾的人虽然难以形成条件反射，但是，假如他们受到父母或他人的长期、严格的训练，那么他们就有可能不会违反社会规则。相反，假如内倾的人没有受到适当的训练，他们也可能会表现出犯罪行为②。

---

　　① ［英］艾森克，威尔逊著，杨键，王燕译. 如何了解你自己的个性. 沈阳：辽宁科学技术出版社，1989：20.

　　② 黄希庭. 人格心理学. 杭州：浙江教育出版社，2002：222.

体格、体质与人格

一般情况下，体质（constitution）和体格（physique）两个概念经常被互相替换使用，但是它们的内涵还是有一定差异。皮尔（Pearl）曾依据内分泌系统、自主神经系统、血管收缩和扩张系统及中枢神经系统活动的功能性条件及状态来定义体质①。这种定义一般是依据个体血液中的物理化学成分、解剖结构上的先天完善程度、每一个特殊的器官及年龄因素。而体格是指身体的结构，是个体体质的某一个方面。体格是一个比较低级、从属的概念，而体质是一个更高级的概念。

艾森克曾分别研究了体格和各种人格特质之间的相关性，以及体质的某些方面与人格之间的相关性，并获得一些有意义的结果。艾森克非常赞同伯特及其学生用因素分析的方法对个体的体格进行研究的结果。伯特等研究发现，个体的体格一般具有两个因素，即一般因素（指身体的大小）和类型因素（指个体横向发育或纵向发育），其中横向发育和纵向发育统称为体型（body build）。横向发育主要指个体的身体向宽和胖的方向发展，而纵向发育指个体的身体向高和瘦的方向发展。这一结论已获得一些心理学家研究的证实，被誉为儿童研究之父的霍尔（G. Stanley Hall，1844—1924）曾研究了一个学校的 2000 名儿童的发育情况，并发现当儿童纵向发育速度增加时，他的横向发育水平就会很慢。

艾森克在研究体型的过程中，设计了一个公式来计算

---

① Pearl R. Constitution and health. London：Kegan Paul，1933：74.

体型，公式如下：

$$I.\ B. = \frac{身高 \times 100}{胸围 \times 6}\ (I.\ B.\ 表示体型)$$

艾森克认为如果通过计算，个体的体型值大于 100，那么个体纵向发展上占优势，假如体型值小于 100，那么表明个体横向发展上占优势。艾森克曾对 1000 名男性神经症患者作过研究，结果表明患神经症的人在体型上纵向发展水平超过横向发展水平。而且，他还发现这些人的体型分布呈正偏态，非常接近于正态分布。虽然个体的体型分布是连续的，但为了研究的方便，艾森克将体型划分为三类，即瘦小型（leptomorphs）、中间型（mesomorphs）、宽大型（eurymorphs）。所谓的瘦小型，也就是高—细类型的体型；宽大型，即宽—胖类型的体型。但是对于女性来说，艾森克认为用这种方法计算过于简单，用回归方程来计算更合适。

至于体型与某种人格特质之间的关系，心理学界有很多学者做过研究。德国的心理学家、精神病学家克瑞奇米尔（Ernst Kretschmer，1888—1964）认为人的气质取决于他们的体型，某种体型决定了相应的气质特点。他把人的体型分为四类：肥胖型、瘦长型、健壮型和畸异型。体型不同的人，气质也不同，可能患的精神病也不同。克瑞奇米尔发现，躁狂症患者中，肥胖型者占大多数；精神分裂症患者中，瘦长型、健壮型和畸异型者较多，而肥胖型者较少[1]。美国的心理学家谢尔顿（William H. Sheldon，

---

① 郭永玉. 人格心理学：人性及其差异的研究. 北京：中国社会科学出版社，2005：13.

1889—1977）也是气质体型论的代表。他把体型分为三类，即内胚叶型（柔软、丰满、肥胖）、中胚叶型（肌肉发达、坚实、体态呈长方形）、外胚叶型（高大、细瘦、体质虚弱）。他通过研究发现，内胚叶型的人喜欢追求社会的认可和社会情感；中胚叶型的人比较武断、过分自信、主动积极；外胚叶型的人善于自制、受社会约束、倾向于智力活动、比较敏感等①。森福特（Sanford）和他的同事们通过研究，把人的体型分为两种：高细型和宽大型。他们通过对不同个体的各种自动反应特性的测量，发现自动不平衡症（syndrome of autonomic imbalance）和高而细的体型呈正相关分布，而和宽大型的体型呈负相关分布。而且研究还表明，高细型、自动不平衡这两者都和各种智力测验上的成功、学习能力等呈正相关，而宽大型的体型和智力、学习能力呈负相关。高细型的体型、自动不平衡性和人格表现上的一些特征也呈积极的正相关，这些特征表现为自满（self-sufficiency）、罪恶感（guilt-feeling）、自责（remorse）等；而宽大型的体型和友好（good fellowship）、社会情感（social feeling）、自我表现（self-expression）等呈正相关。这些研究结果和艾森克的研究结果非常相似。

艾森克曾对随机选取的 1000 名神经症患者进行过研究。在这 1000 名被研究者中，宽大体型的有 120 人，瘦小型的人有 150 名，中间型的人有 730 名。研究结果表明：年龄和这三种类型的体型没有相关关系，但是某些精神疾病是与某一类型的体格（体型）密切相关的。具体表现为，瘦小型的体格与情感不良的人格、智力水平有正相关；而

---

① 彭聃龄．普通心理学．北京：北京师范大学出版社，2001：578．

宽大型的体格与歇斯底里型的人格、智力水平有很高的相关性。这也就是说人格上的特征可以通过生理上的表现准确地反映出来。歇斯底里和情感不良患者之间的区别，不仅表现在智力和气质水平上，而且也表现在体型的各个方面。同时，研究还表明具有反应性抑郁症（reactive depression）的患者，主要是瘦小型的体型；内因性抑郁症（endogenous depression）的患者，主要表现为宽大型的体型。艾森克认为，它们之间存在的是质的而不是量的区别。歇斯底里的人在身体的横向发展上，比情感性障碍的人更多；情感性障碍的人，主要是在纵向上的发展。总体上来说，神经症人和正常人相比，患神经症的人更多地表现出瘦小的体型。但对于精神分裂症和躁狂抑郁症，它们之间的区别不显著，只是患精神分裂症的人稍微较多地表现出宽大体型。但是，患精神分裂症的人和躁狂抑郁症的人在胸围上有非常大的差异[1]。

由于体质包括很多方面，所以在研究体质与人格特质之间的关系时，艾森克主要选取了体质的几个方面来进行考察，具体地包括唾液分泌、暗视觉、练习反应等等。艾森克研究发现，情感不良的人比歇斯底里的人有更少的唾液分泌。至于原因，艾森克认为可能是因为在遇到让人不愉快和非常害怕的情景时情感不良的人比歇斯底里的人有更多的情绪反应，这样的情绪经历倾向于对唾液分泌起抑制作用。心理学者威特罗尔（Wittkower）和皮尔兹（Pilz）曾证实了这一解释。艾森克还研究了体质的感觉功能，他

---

① Eysenck H J. Dimensions of personality. Routledge and Kegan Paul Ltd，1947：83~93.

在这方面的研究主要集中在夜视觉能力（night visual capacity）上。他通过对神经症和非神经症人的比较研究，结果发现具有焦虑性神经症（anxiety disorder）的患者，在夜视觉能力测验上表现出明显的困难。研究还发现夜视觉能力差的人，比夜视觉能力好的人在神经质倾向上的得分要低。而且这种显著性差异主要表现在具有情感不良人格特点的患者身上，而对于歇斯底里的人来说，没有明显的差异[①]。心理学者卡奇伊夫（K. Kekcheyev）对这一结果进行了解释。卡奇伊夫认为，疲劳、内脏器官的膨胀，以及其他的感觉器官受到的强烈刺激都会降低夜视觉能力。并且他认为这些作用是由自主神经系统的交感神经部分完成的[②]。

情感不良、歇斯底里和正常控制组之间在体质方面的差异还表现在练习反应（exercise response）上，这方面的研究主要是由琼斯和米尔惠施（Jones& Melhuish）完成的。他们通过实验研究表明，有疲劳综合征（effort syndrome）和没有疲劳综合征的被试，在练习反应上没有显著性差异，但是与正常组相比，这两组被试在成绩上表现得更糟，而且差异显著。歇斯底里组的被试在练习反应的成绩上，处于焦虑状态组和正常组之间，而且，歇斯底里组的被试与焦虑状态组的被试在成绩上有显著性差异，但与正常组之间没有明显的差别。同时，研究结果还表明，

---

① Eysenck H J. Dimensions of personality. Routledge and Kegan Paul Ltd, 1947：100.

② Kekcheyev K. Expediting visual adaptation to darkness. Nature, 1943：617～618.

神经质组与正常控制组相比，有更差的练习反应成绩，差异显著。另外，还有一些学者研究了体质中的胆碱酯酶分泌在不同人格特质上的表现，结果与练习反应研究的结果是一样的，即歇斯底里和情感不良个体之间、神经质和非神经质个体之间在胆碱酯酶分泌上都有显著性差异①。

抱负水平、暗示性、幽默感与人格

艾森克还分别就个体的抱负水平（level of aspiration）、暗示性（suggestibility）、幽默感（sense of humour）等与人格特质之间的关系做了一些研究。

关于不同人格特质个体的抱负水平特点的研究。在研究抱负水平时，艾森克首先对几个相关的概念进行了界定。目标不一致（goal discrepancy），就是指个体的实际表现和他的抱负水平之间没达成一致。例如，在一次考试中，一个学生的抱负水平是取得满分，结果他的实际成绩是 80 分。假如抱负水平高于实际表现，那么就是积极的；假如抱负水平低于实际表现，我们将它看成是消极的。评价不一致（judgment discrepancy），即个体的实际表现和他对自己实际表现的评价之间不一致。例如，有些个体对于自己的表现所作的评价，高于他实际的表现；有些个体对自己的表现所作的评价，低于自己实际的表现。艾森克研究表明，对于情感性障碍的人来说，他们的评价不一致总是负的。也就是说，他们经常低估他们的实际表现；而歇斯底里的人在评价不一致上表现为部分是正的，部分是负的，即他们既可能高估他们的实际表现，也可能低估他们的实

---

① Eysenck H J. Dimensions of personality. Routledge and Kegan Paul Ltd，1947：110.

际表现。艾森克还认为,目标不一致和评价不一致之间呈相当高的负相关。也就是说给自己确立了一个非常高的目标(抱负水平)的个体,倾向于低估他们自己的实际表现(评价);而那些有低抱负水平的个体,倾向于高估他们的实际表现。艾森克对情感性障碍与歇斯底里的人进行的比较研究表明,情感性障碍人的抱负水平比自己的实际表现要高,也比歇斯底里人的抱负水平要高。但是,情感性障碍的人对自己的表现所作的评价比自己的实际表现要低,也低于歇斯底里人的评价。在灵活性上,研究表明这两类人的表现也有差异,具体表现为歇斯底里的人很少表现出僵硬的特点,他们经常随自己经历的变化,及时调整自己的表现,具有相当高的灵活性;而情感不良的人表现得比较僵硬、不具有灵活性。在性别上,男性与女性相比,男性表现出更高的目标不一致,他们很少低估他们过去的表现[①]。

关于暗示性的研究。在心理学界,很多学者认为暗示性与神经质、内外倾两种人格特质紧密相连,特别是暗示性与歇斯底里之间的关系。在持这种观点的心理学家中,影响最大的是詹内特(Janet)。他认为暗示性与歇斯底里之间有一种特殊的联系,他的这种观点对精神病治疗有非常大的影响。他说:"暗示性是一种相对来说比较少见的现象,它总是和歇斯底里相伴。同时,当我们研究患歇斯底里症人的暗示性时,发现所有患歇斯底里症的人都在某种程度上表现出暗示性……歇斯底里最重要的心理特征就是

---

① Eysenck H J. Dimensions of personality. Routledge and Kegan Paul Ltd,1947:129~140.

暗示性"①。但是，对这一观点，也有一些心理学家持反对的态度。巴特内特（Bartlett）通过身体摇摆暗示性实验，研究了神经症患者和正常人的暗示性是否有差异。结果表明神经症人的暗示性和正常人的暗示性之间没有差异，同时，他的研究还发现暗示性和神经症倾向之间几乎没有相关关系②。

除在以上方面存在分歧之外，对于究竟是有一种暗示性还是有多种暗示性的问题，不同的心理学者也给予了不同的回答。奥尔波特认为，虽然暗示性是某些人的一个特质，但是暗示性不是一个单一的特质③，也就是说有多种暗示性。但是，阿维林（Aveling）和哈格维兹（Hargreaves）却认为暗示性是一个单一的特质，即只有一种暗示性。艾森克通过自己的研究，认为至少有两种或三种暗示性④，并对这些暗示性进行了分类。艾森克将暗示性分为三种，即基本的暗示性（primary suggestibility）、次级暗示性（secondary suggestibility）和威信暗示性（prestige suggestibility）。基本暗示性是根据念动（ideo-motor）行为来定义的，它是指通过实验者多次暗示，使得被实验者按照实验者的意图去执行某一活动。在这一活动中，被试没有自己的意识参与。例如，在赫尔介绍的身体摇摆测验

---

① Janet P. Les obsessoin et la psychasthenie. Paris：Rueff，1903：11.

② Bartlett M R. Suggestibility in psychopathic individuals. J. gen. Psychol.，1936：164.

③ Allport G W. Personality：a psychological interpretation. New York：Holt，1937：48.

④ Eysenck H J. Dimensions of personality. Routledge and Kegan Paul Ltd，1947：165.

中，实验者要求被实验者安静地站着，闭上眼睛，并全身放松。此时，实验者对被实验者说："你的身体正在向前倾斜，一直在倾斜，你正在向前倾斜……"结果，经过实验者多次暗示后，被实验者真的按实验者所说的，身体不由自主地向前倾斜。次级暗示性是以间接性为特点的，它是由于实验者事先的指导而引起被实验者产生某一真实的感知经历，结果被实验者在后继的活动中，会因受前面真实经历的影响而产生某种错误的行为反应。但是，在当时的实际情况下，这种客观上的感知并不存在。例如，实验者按照一定顺序连续呈现十五个刺激，在前五个刺激中，它们的强度是依次增加的，这样被试就建立了一种预期，认为以后呈现的刺激强度也会依次增加，而实际上以后的十个刺激在强度上是相同的。当刺激呈现完后，主试询问被试后十个刺激的强度是如何变化的，结果有些被试回答后十个刺激的强度与前五个一样，也在逐渐增加。艾森克认为基本暗示性类似于催眠，而次级暗示性与催眠有很大的不同。第三种暗示性是威望暗示性。这种暗示性表现为，当实验者告诉被实验者，很多人对某一事件的态度与被实验者的态度不一样时，由于其他人的观点具有权威性，这时被实验者就有可能改变自己的态度而接受那种权威性的观点。例如，在一个实验中，让一群大学生就某一问题发表自己的看法，结果不同的学生有不同的看法。过一段时间后，再让这些大学生就同一问题发表自己的看法。不过，在后一次实验之前，实验者会首先告诉这些大学生，大多数人或具有威望性的人或权威机构对这一问题的看法是什么样的。结果发现很多大学生改变了他们自己最初的观点，而采纳权威人士的观点。威信暗示性类似于从众（conformity）现象。从众就是指个体由于受到群体压力的影响，在知觉、判断、信仰以及行为上表现出与群体大多数成员相一致的现象。著名的社会心理学家阿希（Solomon E. Asch，1907—1996）曾做了一项实验来证明从众现象的存在。在实验中，六名假被试（实验助手）和一名真被试坐在一起（真被试不知道其他六个人是实验者的助手）。然后呈现给这些被试一条线段 A 作为标准，再另外呈现给被试三条线段 B、C、D，在这三条线段中只有 C 是和 A 完全相同的。实验者要求这些被试回答 B、C、D 中哪一条线段和 A 是完全相同的，每次都让真被试最后一个都回答问题。结果表明，当前面六个被试都回答 D 和 A 是完全相同时，真被试在犹豫片刻之后，也会作出相同的错误回答。艾森克通过研究表明，基本暗示性和次级暗示性之间没有相关关系，它们之间是相互独立的；而威信暗示性和基本暗示性及次级暗示性都有相关关系，不是一种独立的现象①。

艾森克在给基本暗示性定义时，是以念动为特征来定义的。至于念动，简单地说就是通过意念来控制我们肌肉的活动。念动行为是和很多类型的魔法相联系的，类似于超心理学（parapsychology）的现象。心理学上对这一现象的研究很多，其中以心理学家雅各布森（Lenore Jacobson）的工作最为突出。雅各布森研究发现，特殊的肌肉收缩不仅和某一心理活动的发生相伴随，而且，对于这些心理活动的发生来说是必需的。如果肌肉处于完全放松状态，那么这些念动行为就不可能发生。同时，他还发现，把胳臂

---

① Eysenck H J. Dimensions of personality. Routledge and Kegan Paul Ltd, 1947：168.

运动的照片进行放大，就会发现，在个体通过意念想象胳膊运动时，胳膊真的会发生大约 0.07 到 0.32 毫米的实际运动。也就是说，对某一活动的想象或思维，会产生与这一想象或思维相连的实际肌肉的运动。艾森克认为虽然对某一肌肉运动的想象倾向于产生准确的肌肉运动，但是，不同的人在这种倾向上的程度是不一样的，有的人通过意念能产生比较强的肌肉运动，而有的人通过意念只能产生比较弱的肌肉运动。艾森克把不同人所拥有的强或弱的念动倾向称为"能力倾向"（aptitude）。能力倾向是基本暗示性表现的基础，包括催眠。艾森克认为一个人的基本暗示性是由能力倾向和态度（attitude）两个因素决定的。态度是一种抑制念动行为的控制机制，假如这种控制机制非常地弱，那么个体的态度就不能抑制念动行为；相反，假如控制机制很强，那么个体的态度就有可能抑制他的念动行为。例如，一个人可能非常清晰地感觉到自己有接受暗示性的倾向，这时他可以通过自己的意志力（态度）来阻止这种倾向的发生。这也就是说一个人的能力倾向可以被负面的态度所阻碍。对于两个不同的个体，假如其中一个人有较高的能力倾向，但有负面的态度，而另一个人虽然有较低的能力倾向，但有积极的态度，那么他们在暗示性测验分数上，可能是相等的。

艾森克对詹内特的有关暗示性和歇斯底里的人格相关的观点进行了验证。他通过比较具有歇斯底里人格特质的个体和具有焦虑性人格特质的个体暗示性，结果发现，暗示性和焦虑性人格特质之间的相关程度，高于暗示性和歇斯底里的人格特质之间的相关程度。所以艾森克认为，应该把焦虑性人格特质作为暗示性的诊断标准，这比把歇斯底里的人格特质作为暗示性的诊断标准更有效。同时，艾森克认为歇斯底里的人比情感不良的人表现出更少的受暗示性，而情感不良的人主要倾向于更多的积极暗示性。艾森克通过对229名情感不良个体和166名歇斯底里个体的暗示性进行研究，结果表明，暗示性和神经质的联系非常大，而暗示性和歇斯底里之间的相关程度与暗示性和其他类型的神经症之间的相关程度是一样的。总之，艾森克认为，情感性障碍的人比歇斯底里的人具有更强的暗示性，暗示性和神经质的相关非常高，神经质的程度可以通过暗示性测验反映出来。

关于幽默感的研究。很多心理学者把幽默感（humour）看成是一个重要的和有价值的人格特质。奥尔波特将幽默感和洞察力（insight）相等同[①]。也有一些心理学者用幽默感来对精神疾病进行分类。一般地，心理学者们认为幽默感至少包括两个因素：鉴赏力（appreciation）和创造性（production）。简单地说，鉴赏力就是指个体在该笑的时候笑。而创造性是指个体在说话时，能使用有效的策略，使别人因自己的话而发笑。不同的心理学者在研究幽默感时，在他们的理论中一般会强调幽默感中某一方面的因素。总的来说，所强调因素分别包括认知（cognitive）、意动（conative）和情感（affective）三个方面。强调认知方面的，包括强调认知的不协调性、观点之间的比较等。也有一些心理学者强调幽默感的意动方面，他们主要是强调对优越性期望的满意感、自我荣誉（self-glory）等意动成分。至于强调情感方面的，主要是强调纯粹的玩笑。也有一些心理学者强调幽默感的

①　Allport G W. Personality. Lodon：Constable，1938.

某两个方面。弗洛伊德就在一定程度上强调幽默感的三个方面。当然，对于某一具体的个体来说，他可能更注重幽默感三个方面的某一方面。幽默的这三个方面可以通过一个三角形来表示，这一幽默感理论被称为折中性理论（eclectic theory）（见图 3-6）。

图 3-6　幽默感折中理论

一般来说，把情感成分称为幽默，把意动成分称为智慧（wit），而把认知成分称为滑稽。从图中，我们可以看出，情感和意动两个方面之间的距离要比它们和认知之间的距离短，这主要是由于情感和意动两种具有欲望性的成分之间的相互作用比它们各自与认知方面的作用更明显。

艾森克研究表明，外向性的人倾向于喜欢那些具有欲望性的幽默，例如性笑话；而内向性的人倾向于认知性的幽默。心理学者卡姆保扑鲁（Kambouropoulou）曾研究表明，越是外向的被试，对那些具有优越性的题目越感兴趣，此处所说的优越就是艾森克的意动概念。至于有关攻击性和性爱性的问题，按照弗洛伊德的观点，不具攻击性或不喜欢性爱的人，显然是由于压抑了他们的攻击性或性欲，因此较喜欢具有敌意或黄色的笑话，因为他们可以以此来发泄本身那些潜意识的感觉。同样的，较具攻击性以及性爱活动力较强的人，则由于不需要这种发泄，所以较不欣赏这类笑话。但艾森克认为，外向的人较具攻击性，而性活动力也较强，但他们仍较喜欢具有敌意或有性爱色彩的笑话。换句话说，人们以多种不同的方式来发泄自己习惯性的攻击性和性欲的冲动,而欣赏类似的笑话只是其中一种。

如何了解自己的幽默感?艾森克给出了一种了解自己幽默感的测验。当然艾森克也谈到,这种问卷的目的不是对人格进行精确的测量,只是对个性轮廓进行一般性的描述,你在这样的问卷上所得到的各种分数并不是精确的个性指标。下面是测量幽默感的项目,读者最好从未见过这些漫画。请按顺序看,并对漫画的可笑程度迅速做出判断,并用以下五个等级进行评分:一点都不可笑记1分,有点可笑记2分,挺可笑记3分,非常可笑记4分,可笑至极记5分。记住,当你一看明白漫画就立刻进行评分,不要没完没了地反复看,也不要翻回来重新品味。如果看了一两分钟未能看出任何可笑之处,就记1分。

测测你的幽默感

1. "节目演完了,范斯沃兹——你能安静的和我们走吗?"　2. 无题

3. "你们能把问题再重复一遍吗?"　4. "噢,很难说……,试一下也许挺有趣。

5. "我明白了,沙巴泰特最后夺得了测量 金字塔的合同。"

6. "这些他早期谨慎的、具有某种探索 性的、正在形成时期的作品。"

7. "我清楚地记得告诉过你,别这么干。"

8. "把钱放在桌上…… 把钱放在桌上。"

9. 无题

10. "他们管我们叫长毛贼。"

11. "傻瓜,你别忘了,我是站在法律一边的。"

12. "我有一件你意想不到的生日礼物 送给你。"

13. 无题

14."快到我们该即兴做点事的时间了。"

15."啊,爱多德拿酒来了。"

16."过来,老虎。"

17. 无题

18."就我所知,他正以此向人们抗议。"

19."我知道,你把园丁解雇了。"

20."乔治,别这样……你不能等我们
回旅馆吗?"

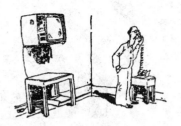

21. 垂直支撑。

22. "我喜欢用自己的方式来说我自己的事。"

23. "你就是叫救护车的那个人吗？"

24. "难道男人就不能单独呆会儿吗？"

25. "门"

26. "请进会客室吧！"

27. "我本想优雅谢幕。"

28. 无题

79

29. 无题

30. "警官,我想这一定是那个色情雕像。"

31. "我认为果断是主席的
主要品德之一。"

32. "我要把墙刷成像这两个圆头
一样的颜色。"

　　以上漫画可以分为四类幽默。第一类为没有什么意义的漫画,其内容不含有任何攻击性和性色彩,它们的幽默效果主要依赖于漫画的形式或技巧,诸如俏皮、双关和一些不和谐的夸张。这类漫画包括 1、5、9、13、17、21、25、29 题。第二类是讽刺性漫画。这类漫画包括对某一类人或机构的嘲讽奚落,是一种间接的人际间的攻击,包括 2、6、10、14、18、22、26、30 题。第三类漫画表现的是更为直接和露骨的人身攻击。包括残忍暴行、公开侮辱和折磨虐待的场面,题目包括 3、7、11、15、19、23、27、31 题。第四类漫画是一些极为明显、露骨的性笑话,包括 4、8、12、16、20、24、28、32 题。四类漫画评分的总分代表一个人从一般事物中发现可笑之处的水平。一般来讲,高分者更容易发现某事的可笑处，但这并不等同于说高分者就有很强的幽默感；也不意味着他们的趣味低级。外向的人特别喜欢带有性色彩的笑话，也比较喜欢直接表现攻击性的漫画。但他们不太喜欢没有什么意义的讽刺性漫画。他们的总评分仍然较高，一般在平均水平之上。内向者情况相反，他们不喜欢露骨的、与性有关的漫画和攻击性漫画，他们更偏爱含蓄、隐喻的幽默，如没有什么意义的或讽刺性的漫画。现实性的人在攻击性上得分更高，幻想性的人一般不喜欢攻击性漫画。情绪不稳定和特殊幽默类型没有明显的相关关系。男性在攻击性漫画上的评分比女性要高，在性色彩漫画上的评分也略高于女性。男性的总分一般高于女性。这些关系不一定适用于每个人，但从总体上来看是很可靠的①。

3. 了解你的智力

智力的定义

智力（intelligence）一词源于拉丁文中的两个单词：inttellegentia 和 ingenium，前者指理解和知识，后者指先天的倾向或能力。在心理学中，智力是一个非常重要的概念，对它的科学研究最初起源于英国的生物学家高尔顿和法国著名的心理学家比奈（Alfred Binet, 1857－1911）。但是，至于什么是智力，至今还没有一个统一的共识性的定义。1988 年，斯里得曼（M. Snyderman）和罗斯曼（S. Rothman）出版了一本名为《智商争议》（*The IQ Controversy*）的书，书中谈到他们对智力测验、教育心理学、

---

① ［英］艾森克，威尔逊著，杨键，王燕译. 如何了解你自己的个性. 沈阳：辽宁科学技术出版社，1989：126～127.

发展心理学、行为遗传学、社会学和教育学、认知科学、咨询心理学和职业心理学等领域的 600 多名专家进行的调查。调查的目的是要求这些专家们回答什么是智力的问题，结果发现 99.3％的人认为抽象思维和推理能力是智力的重要成分，97.7％的人认为智力就是问题解决能力，96％的人认为智力是获得知识的能力。总的来说，虽然不同的心理学者对智力的界定不同，但一般包括两种取向：第一种是概念性定义（conceptual definition），即只对智力一词作抽象式的或概括性的描述。如智力是抽象思维能力；智力是学习的能力；智力是解决问题的能力；智力是适应环境的能力等等。这些定义一般都不用具体行为解释智力。第二种取向是操作性定义，指采用具体性或操作性方法或程序来定义。如智力是根据智力测验所测定的能力。尽管不同的心理学家在定义智力时由于取向上不同，给智力的定义也不同，但在基本理念上有两点共同之处：第一，智力是一种综合性的能力（非单一能力）；第二，个体智力的高低，是由他的先天遗传和后天环境两类因素交互作用的综合表现。台湾心理学者张春兴据此认为，智力是一种综合性能力；此种能力是以个体自身所具有的遗传条件为基础，在其生活环境中，与人、事、物交往时，由其所表现在运用经验、吸收、贮存及支配知识、适应变局、解决问题的行为中体现的[①]。艾森克认为智力是大脑的有效功能，好比大脑的能量，使得大脑能有效的工作。他认为大脑只有作为一个整体顺利运转时，才能使我们清晰地进行活动，

---

① 张春兴. 现代心理学——现代人研究自身问题的科学. 上海：上海人民出版社，2001：414.

那种认为智力是大脑的某一很小部分的结构功能的思想是不正确的，这就像颅相学（cranioscopy）所做的那样，认为脑的各个区域是各种心理能力的特殊器官；同时，那种试图在大脑中寻找某一"东西"，并把它等同于智力的观点也是不正确的。智力是通过大脑的许多结构、激素、神经递质、生理机制等之间的相互作用形成的。葡萄糖、氧气和其他必需的食物为智力提供能量。

　　艾森克认为心理学家们所说的"智力"一词通常有三种意义，这三种意义之间既有相关关系，又有区别。它们分别是生物学智力（biological intelligence）、心理测量智力（psychometric intelligence）和社会智力（social intelligence）。生物学智力是最基本的，由遗传因素决定，并可通过生理的和生物化学的因素来调整。生物学智力可以通过脑电图（EEG）、反应时等方法来测量。遗传因素决定神经结构、生理机制、生物化学的分泌和它们之间的相互作用，和由上行传入通路传入的信息。而这些信息在大脑里的传送方式，主要是通过一个细胞的树突与另一个细胞的轴突相联系，把信息由一个细胞传到另一个细胞。所以，我们可以通过 EEG 技术测量它的传递过程。在这一测量过程中，主要是测量平均唤醒电压、电流所产生的皮肤电反应等等。心理测量智力就是 IQ。艾森克认为它是由生物学智力和文化因素、家庭抚养、社会经济地位及教育等因素决定的。心理测量智力主要通过 IQ 测验得到，IQ 测验是一种间接测量智力的方法。社会智力也叫应用智力，就是在实际的生活中的应用 IQ。我们在很多事情中都要用到 IQ，如在和其他人交往时。艾森克认为社会智力在很大程度上是由 IQ 决定的，但也受许多其他因素的影响，如人格、心理障碍、动机、营养等等。这三种智力之间的关系具体见图 3-7①。

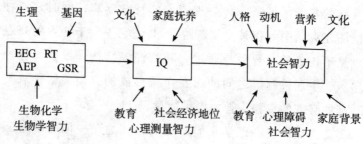

图 3-7　生物学智力、心理测量智力、社会智力之间的关系

通常很多心理学者所说的智力，只是指以上三种智力中的某一个方面。例如，有的心理学者主张生物学智力，而另一些心理学者主张心理测量智力。艾森克认为智力是一个科学上的概念，并不是真实存在的物体，智力概念类似于牛顿的引力概念。他认为儿童的智力 70％是由遗传因素决定的，20％是由家庭间、共同的环境决定的，还有10％由家庭内、非共享的环境因素决定。但对于成年人来说，艾森克认为其智力的 80％是由遗传因素决定的，20％由非共享的环境因素决定②。随着年龄的增长，共享环境对个体认知发展方面的影响相对越来越小③，而非共享环境所起的作用要大得多，在相同环境条件下成长的儿童之

①　Eysenck H J. Intelligence：a new look. Transaction Publishers，New Brunswick，New Jersey，1998：63.

②　Eysenck H J. Intelligence：a new look. Transaction Publishers，New Brunswick，New Jersey，1998：32.

③　Carl L，Patrick. Genetic and environmental influences on the development of cognitive abilities：evidence from the field of developmental behavior genetics. Journal of School Psycholgoy，2000：79～108.

间存在的个体差异主要是由非共享环境因素引起的[①]。

虽然艾森克认为有三种意义上的智力，但究竟是有一种智力还是有多种智力，不同的心理学者有不同的回答。高尔顿认为只有一种智力，即一般智力。但比奈认为有多种智力。他认为几乎所有的心理现象都是智力现象，智力包括很多种功能，例如暗示性、意志、注意和情感等。还有一些心理学者分别为这两种智力观提供了统计方法。例如，斯皮尔曼给高尔顿的智力观提供了可测验的统计方法，塞斯顿（Louis Leon Thurstone，1887－1955）为比奈的智力观提供了可测验的统计方法。艾森克对这两种观点进行了折中，认为智力的一般因素（g）是非常重要的，但也还有许多特殊能力，这些特殊能力对于整体来说贡献很小，但在特殊的情景中，这些特殊能力是很重要的[②]。例如，如果一个人要想成为一位杰出的物理学家或天文学家，那么，他除了要有一个比较高的 IQ 外，还要有特殊的数学能力。

智力理论及其生物学基础

智力理论是指心理学家对人类智力一词的内涵所作的理论性与系统性的解释。在心理学中，由于不同心理学者研究取向上的不同，在对智力进行研究时，分别提出了不同的智力理论。一般来说，智力理论有三种取向：心理测量取向、多元智力取向和认知发展取向。在心理测量取向

---

① 张坤，李其维. 有关智力的遗传研究演进. 上海：心理科学出版社，2005：1250～1252.

② Eysenck H J. Intelligence：a new look. Transaction Publishers，New Brunswick，New Jersey，1998：197.

中，斯皮尔曼提出了智力二因素论，认为人类智力包括一般因素和特殊因素两种。塞斯顿提出基本心能论，认为在人类的智力组成中，包括七种基本的智力，即语文理解、语句流畅、数字运算、空间关系、联系记忆、知觉速度、一般推理等。吉尔福特（Joy Paul Guilford，1897－1987）提出智力结构理论，认为人类的智力是思考的表现，由思考的内容、运作和产物三个方面组成。美国的心理学家卡特尔提出智力形态论，把人类的智力分为两种不同的形态，即流体智力（fluid intelligence）和固体智力（crystallized intelligence）。智力多元取向主要包括加德纳（Howard Gardner，1943－）的智力多元论和斯腾伯格（Robert Jeffrey Sternberg，1949－）的智力三元论。加德纳认为智力主要由七种能力构成，分别为语文能力、数理能力、空间能力、音乐能力、运动能力、社交能力和自知能力。斯腾伯格认为人类的智力是由连接的三边关系组合成的智力统合体。这三边可看成构成智力的三种成分，各边之长短因人而异，由此而形成智力上的个体差异①。在认知取向上，主要表现为皮亚杰（Jean Piaget，1896－1980）的认知发展理论，他主要从发生认识论的角度来考虑人类智力。

由于艾森克把智力看做是人格的一个重要方面，因此他本人对智力的研究非常重视。在这个方面倾注了大量的时间和精力，曾先后提出了智力三维结构模型和智力层次模型，特别是在其晚年，他对智力又有了一些新的见解，即运用系统化和整合的观点，提出了一种包括从生物遗传、

① 张春兴. 现代心理学——现代人研究自身问题的科学. 上海：上海人民出版社，2001：432.

心理到社会的系统化、整合性智力理论模型。在他逝世一年后的 1998 年才出版的《智力——一种新的视角》一书中，艾森克从智力的生物基础出发，分别从生物遗传、心理和社会因素三个方面进行了考察，提出了一种系统化的整合性智力理论模型（见图 3-8）。

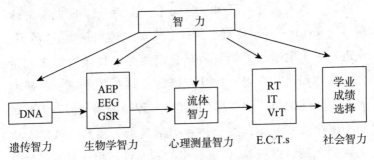

图 3-8 智力中决定个体差异所包括的一些变量，从 DNA 到各种行为

艾森克认为心理测量智力处于该图的中心位置，即 IQ，主要可通过流体智力测验获得。左边最远端是 DNA，是后天发展的基因蓝图。左边的较近端由 DNA 和实际的行为之间的生物媒介所组成，即生物学因素，这些因素可在产生可测量的 IQ 的活动中得到证明。这一原因链导致右边较近端的大脑皮质和中枢神经系统的活动，而产生不同的结果，如反应时、检查时等等。最后是产生具有社会性重要意义的右边最远端结果，这一结果是由生物和环境两个因素相互作用引起的，如学业成绩等①。

艾森克是生物学流派的主要代表人物之一，他倾向于从生物学的角度来解释人格和智力。艾森克认为大脑的许

---

① Eysenck H J. Intelligence: a new look. Transaction Publishers, New Brunswick, New Jersey, 1998: 74.

多结构与个体智商的高低有很大的关系。关于大脑的结构与智力之间的关系，一些研究者做过相关的研究，如邓肯（Duncan）等研究发现，在完成一些 g 因素负荷高的任务时，额叶的侧区被激活①。另有研究者通过对"休息"下的被试研究发现，额叶活动和瑞文推理测验、韦氏成人智力测验分数之间存在负相关②关系。艾森克发现大脑的体积（brain size）与 IQ 高度相关，大脑的体积越大 IQ 越高。最近，由于电子技术的发展，我们能够通过微电极来测量大脑的体积，并获得了成功。借助于这一技术，一些研究表明，大脑的体积和 IQ 之间有一定程度的相关性，大脑体积的大小能部分地预测个体智力的高低。当然，虽然艾森克认为大脑的体积与 IQ 有一定的相关性，但这种相关性并不是非常的高（约 0. 45）。他认为大脑中其他的一些因素在决定智力方面比大脑的体积更重要。另一些研究表明，大脑的体积与大脑皮层神经元的数量之间有较高的相关性，大脑体积越大，大脑皮层上的神经元就越多，那么它产生的信息也就越多，对认知能力的影响也就越大。

艾森克认为神经元树突的长度和 IQ 也相关。有研究表明，智力与个体树突的长度相关，因为通过突触，即与其他许多细胞的轴突发生相互作用的细胞的许多附枝，可以把接受到的信息传递到另一个细胞的树突。树突长，则流体智力高。一般地，随着年龄的增加，树突在逐渐缩短，

---

① Duncan J，Seitz J，Kolodny J，et al. A neural basis for general intelligence. Science，2000：457～460.

② Boivin M I，Giordani G B，Berent S，et al. Verbal fluency and positron emission temographic mapping of regional cerebral glucosemetabolism. Cortex，1992：231～239.

这说明随着年龄的增加，流体智力在下降。另外一些研究表明，大脑神经元突触的密度对 IQ 也有很大的影响。大脑内神经元突触的密度在个体生活的第一个五年内增长的非常快，但是，在整个青少年期，减少得又非常显著。这一"神经修剪"过程是由于过于丰富的突触连接的发展引起的。神经修剪的缺乏会产生效率低下的皮质，过于丰富的突触会引起不必要的葡萄糖吸收，并导致细胞之间发生更多的信息传递错误，从而导致较低的智力水平。培腾（Payton）等研究发现 Cathepsin D（CTSD）可能通过杀死不必要的神经元而在早期大脑发育中发挥促进智力增长的作用[1]。

　　艾森克通过 EEG 技术研究发现，在休息的状态下，IQ 高的人和 IQ 低的人的大脑波形是不一样的。在大脑波形的潜伏期和振幅上，IQ 高的人大脑活动的波形潜伏期短，振幅大，上下波动的频率非常快。这是因为当个体接收到各种信息而产生信号时，不管它是言语的还是听觉的，高 IQ 人的大脑在加工时更快，因此导致更短的潜伏期。有研究采用头皮 19 个导联传统波段的绝对功率与相对功率、几个波段的比率、半球内与半球间波幅的对称性、各波段在所有导联的相干、相位延迟情况等 EEG 指标，研究了它们与智力之间的关系，结果发现 EEG 指标可以预测智力[2]。有

① Pavton A，Holland E，Diggle P，et al. Cathepsin D exon 2 pohymorphism associated with general intelligence in　a healthy older population. Molecular Psychiatry，2003：1～5.

② Thatcher R N，North D，Biver C：EEG and intelligence relations between EEG coherence EEG phase delay and power. Clinical Neurophysiology，2005：116，2129～2141.

关聪明和不聪明儿童大脑波形之间存在差异的现象，有很多心理学者做过相关研究。艾森克让自己的学生 Elaine 和她的丈夫采用 AEP 技术对聪明、一般和不聪明的儿童大脑波形进行了探讨，结果发现聪明儿童的大脑波形变化的更快。对于不聪明的儿童来说，他们的大脑波形基本上是一些很简单的正弦波，而聪明儿童的大脑波形就显得更复杂。

艾森克还认为，大脑内的生物化学物质，特别是细胞内的酸碱度也与 IQ 有很高的相关性，这一研究是采用^{31} P 磁共振分光镜技术进行的。结果发现 pH 越大，IQ 越高，大脑内的碱性越高，越有利于大脑功能的发挥。诱发电位的丰富性与大脑细胞内的 pH 成一定的比率，随着细胞内外 pH 的增加，神经活动电位的丰富性也随着增加，大脑处理信息的时间就会更少。有研究者通过对尼古丁[①]、烟碱类乙酰胆碱受体拮抗剂——盐酸—3—甲基氨基异樟脑烷（一种降压药）[②] 的研究发现，中枢胆碱能通路参与到检测时和智力测验任务的操作中。另有研究考察了检测时的神经生化（主要是胆碱能系统）基础，结果发现，脑中的葡萄糖水平占优势对于较好地完成检测时任务非常重要[③]。

---

① Stough C，Mangan G，Bates T，et al. Effects of nicotine on perceptual speed. Psychopharmacology，1995：305～310.

② Thcmpson J C，Stough C，Ames D，et al. Effects of the nicotinic antagonist mecamylamine on inspection time. Psychopharmacology，2000：117～119.

③ Stough C，Thcmpson J C，. Bates T C，et al. Examining neurochemical determinants of inspection time development of a biological model. Intelligence，2001：511～523.

还有研究表明，受控制的、中等水平的低血糖会降低信息加工速度（包括心理测验、反应时任务等）[1]，随着年龄的增长和由于神经变性疾病而发生的认知缺陷可能与血浆胰岛素样生长因子的缺乏有关[2]。成人被试体内 N—乙酰天门冬胺酸与韦氏智商也存在一定的关系[3]。

总之，艾森克在分析智力的影响因素时非常看重生物学基础。艾森克提醒心理学家应当重视探讨智力的生物学原因，但他没有极端地完全排除环境的作用，他所持的观点是"生物原因是重要的，但不是唯一重要的"[4]。

智力与反应时、检测时

自从高尔顿和比奈开创了现代智力研究开始，在智力的测验上就存在一些争论。比奈使用个体每天的生活问题、在学校学习所获得的言语和数字问题或个体的记忆和暗示性来测量 IQ。现在的智力测验也主要是依据这一标准来进行的。比奈侧重于环境因素的方面，而高尔顿倾向于生物学方面，他认为通过生物功能的简单测验，例如反应时或简单的知觉区别任务，就能测验智力。但是，很多心理学者对使用反应时的方法来测量智力提出了质疑。例如，

---

① Duncan J，Seitz J，Kolodny J，et al. A neural basis for general intelligence. Science，2000：457～460.

② Lackey B R，Gay S I，Henricks D M. Actions and interactions of the IGF system in A lzheimers disease. Review and hypotheses Growth Hormone IGF Research，2000：1～13.

③ Jung R E，Haier R J，Yeo R A，et al. Sex differences in N-acetylaspartate correlates of general intelligence. An 1H-MRS study of normal human brain Neuroimage，2005：965～972.

④ Eysenck H J. The biological basis of personality. Springfield，IL：Charles C Thomas，1967.

1901年威斯勒（C. Wissler）发表了一篇非常重要的实验文章，证明智力和反应时之间根本没有相关性。但也有很多心理学者通过研究表明，智力和反应时之间存在相关关系。艾森克认为采用反应时实验来测验智力是可行的。他认为处理信息的心理速度与智力之间的关系很大，这就是艾森克提出的速度—智力理论。他认为这种处理信息的心理速度是受个体生物基础影响的，例如抽象能力、推理、学习和记忆都是依靠大脑皮质对信息的加工来进行的①。

　　艾森克通过反应时实验得出了反应时和智力之间的关系。在这个实验中，他把整个反应时过程分为两个阶段，第一阶段为决定时间（decision time），第二阶段叫运动时间（movement time）。决定时间指从刺激的呈现开始，到手指准备从中心位置（刺激还没呈现时，手指所放的位置）移开去选择按键的时间。运动时间是指手指开始从中心位置移开，到按与刺激相对应的键的时间。反应时为决定时间和运动时间之和。艾森克通过研究发现，决定时间和运动时间都与 IQ 有显著的负相关关系，高 IQ 预示着更短的决定时间和运动时间。而且复杂反应时与 IQ 之间的相关程度要比简单反应时更高。艾森克对这一现象的原因进行了解释。他认为个体在反应时上的区别，主要是由于信息在大脑皮质中传递时发生错误的可能性引起的，发生的错误越多，则对一个特定的刺激作出的反应速度就越慢。所以反应时的测量，基本上是对在信息传递过程所发生的错误的一种间接测量。在测量过程中，参与活动的神经元和突触越多，那么所期望的测

---

①　Eysenck H J. Intelligence：a new look. Transaction Publishers，New Brunswick，New Jersey，1998：59.

量就越准确。越是复杂的反应任务，它所包括的神经元之间的相互作用就越多，所以测量的智力就越准确。如简单反应时可能只包括几百个神经元的活动，而复杂反应时则包括几千个神经元的活动。所以，在一个测验中为了获得更准确的错误发生情况，复杂的任务比简单的任务预测性就更大。

同时，艾森克还认为反应时是测量对刺激的反应速度，而检测时（inspection time）是测量对刺激的理解速度，即正确地认识所呈现的刺激的时间。测量检测时的具体方法有很多，例如，同时呈现给被试两条平行线，一条线的长度稍微长些，另一条线略微短些，呈现这两条平行线的时间非常短，然后要求被试回答较长的一条线是在左边还是右边，并按下相应的键。研究结果表明，如果被试以更高的速度正确地认识所呈现的刺激，则他的 IQ 更高，即检测时越短，则其 IQ 越高。

智力测验的理解

人们常常存在的一种普遍偏见，认为智力测验是根据一些完善的科学理论建立和发展起来的，同时，又认为不论智力测验多么"科学"，但它的实用价值是微乎其微的。但是，艾森克认为，事实恰好与之相反。他认为智力测验并不是奠基于任何完善的科学原理之上的，而且现在的专家们对智力本质的意见也有众多分歧。智力测验没有坚实的基础，但它的实际应用又非常成功，这是两个相互矛盾的事实。然而在某种程度上它们是相辅相成的①。

艾森克认为应该对个体进行智力测验，以便知道每个

---

① ［英］艾森克著，辛田译．了解自己的智力．北京：原子能出版社，1985：2.

人智力上的高低，这对于英才教育是非常重要的。智力测验的发明，对于更好地认识人们的心理活动过程具有重要的意义。他提倡通过智力测验来进行人员的选拔和制定职业指导，以便让具有不同特点的人从事不同的职业。在以往的社会里，选拔人员时，存在以阶级特权和经济地位为依据的现象，结果是这样选拔出来的人员适应工作的能力很低；而通过智力测验来选拔，就可能避免因阶级特权或经济地位而造成的人员选拔上的偏差。同时，艾森克也提倡在学校里对学生进行智力测验，这样有利于教师发现学生之间的差异，以便让不同能力的学生接受不同的教育。这样做的好处有以下两个方面：第一，不至于让成绩优秀的学生接受一般教育，从而使他们的学习受到限制；第二，对于那些比较迟钝的学生来说，就不会与聪明的学生在同一个班级接受相同的学校教育，避免了在学习上总是处于被动的地位。当然，艾森克认为智力测验不是使一些学生的能力更低，而仅仅是量化学生的缺点，以便进行可能的补救[①]。智力不是决定一个人发展的唯一因素，人格也是影响个体发展的一个重要因素。有研究表明，内向和外向的学生在学习方式上有很大的差异，内向的学生更喜欢采用接受学习（reception learning）的方法来进行学习，而外向的学生更喜欢发现学习（discovery learning）[②]。对于智力测验的应用，有很多心理学者持支持的态度。影响比较

---

① Eysenck H J. Intelligence: a new look. Transaction Publishers, New Brunswick, New Jersey, 1998: 84.

② Eysenck H J. The biological basis of intelligence, In: Irvine S H, Berry J W, Eds., Human abilities in a cultural context. New York: Cambridge University Press, 1988: 87~104.

大的是赫恩斯坦（Richard J. Herrnstein）和莫瑞（Charles Murray）。他们曾出版了一本非常有影响，同时引发了巨大争议的书——《贝尔曲线》（*The Bell Curve*）。他们认为，相对于那些主要依据家庭的社会经济地位来决定工作性质的时代而言，现在的社会，由于能力强的人对社会的影响不断扩大，导致个体的能力和工作要求之间的联系越来越紧密。什么样的工作，就需要什么样能力的人，而不再仅仅依靠个体的经济和社会背景来区分工作的好与坏。他们认为现在的社会从整体上来说，聪明的人数量在增加，而智力低下的人数量在下降，社会阶级的划分越来越依据智力能力。这一社会现象的发展变化必须依靠智力测验来完成，这也是由于对高智商人才需要的增加而引起的。

艾森克认为，用四岁孩子的智商来预言他未来的智力是不可取的，年龄很小时测量得到的智商实际上是没有价值的。除了某些智力缺陷者外，六岁之前的智商几乎没有什么用处。六岁或许是认真进行智商测验的最低年龄，但即使在这种年龄下所得的结果也不必看得过于重要。低智商的人做不好学术性和知识性的工作，这是一个到目前为止，心理学所提出的几乎不可改变的规律之一。原因在于，智力是成功的必要前提，坚韧性和其他品质怎么也弥补不了智力的不足；但是，反之则未必如此。智力是必要条件，但不是成功的充分条件，因此智力高的学生成功与否，还依赖于环境、个人素质、自觉性和其他许多非智力因素。由一个人的智商来预测他的成功和可能的经济收入是不可靠的。智商可以看成是一种平均值，这种平均值能代表一个人在所有不同类型的测验中所得到的成绩的总水平。各次测验的结果将因所选用的材料和题目功能的不同而异。某些智商测验完全依赖于词语材料，另一些则完全依赖于非词语材料，还有许多测验仅利用数字材料。同样，这次测验和那次测验所采取的形式及题目的功能彼此也是不同的。不同的智商测验对于评价一个人的智商是很不一致的，但是如果经过精心安排，不同的测验可以取得相当一致的结果。要想准确地估计一个人的智商应使用不同形式的题目以及不同的材料进行多次测验。同时，艾森克认为，遗传可能是决定一个人智力的主要因素。造成人们智力差别的全部因素的80％是遗传，20％是环境，也就是遗传的重要性是环境的四倍。当然，艾森克也谈到，这些数字只是大致的平均值，而且它们只适用于现时的西方世界。它们没有绝对的价值，因为它们完全依赖于一个国家的社会及教育情况。在那些所有儿童都能享受免费教育，甚至可能享受免费大学教育的国家里，遗传因素显然能最大限度地表现出它的作用。但在那些教育只为少数人所享有的国家里，多数孩子的智力可能受到很大程度的抑制。所以，艾森克认为不能把"80％－20％"这个数据外推到一个国家一百年前的年代去，更不能把它们推广到未来。非常有可能的是，五十年后遗传对智力测验的相对贡献比现在更高。因为到那时，教育质量可能更高。同时，艾森克也强调，这些数字不过是平均数，因此对某一个具体的人来说，不能认为影响其智力的因素，80％是遗传，20％是环境。有些孩子和成年人，他们基本上没有受过教育或在生活中没有得到其他学习机会，在这种条件下，环境因素就很重要，环境对个体的影响或许能高达 70％或 80％①。

虽然智力测验能有效地预测个体的学业成绩，在选拔人员、职业指导等方面确实有一定的积极作用，但对于这种方法持批评态度的人也为数不少。一般来说，对智力测验的批评主要有以下几种：首先，一些学者认为智力测验主要是从测验的结果去分析研究，而忽视了对智力活动本身的分析探讨；其次，一些人认为智力测验存在社会文化、经济、政治、民族和种族上的偏见；最后，智力测验的成绩会因被试的动机、态度、人格以及主试的特征而受到影响，所以很难准确、合理地解释测验的结果。

艾森克还就是否能改善一个人的 IQ 这一问题进行了研究。通过研究，他认为对于 IQ 的改变，更应该从生物的角度来进行。他认为可以通过给予儿童维生素和微量元素的补充，来提高其 IQ，并认为这比学校教育更有效。具体来说，艾森克认为：（1）IQ 的提高仅发生在少数儿童身上，因为大多数儿童有足够的食物可吃，而这些食物中包含丰富的维生素和微量元素。艾森克曾在四百名儿童中做了一项实验，在实验的开始和三个月后分别采取这些儿童的血样进行分析，结果表明，IQ 的变化只发生在那些体内微量元素低的儿童身上，对于那些平时能摄入足够微量元素的儿童来说，IQ 几乎没有什么改变。（2）艾森克认为 IQ 的提高仅发生在流体智力中，在晶体智力中没有这种效果。即微量元素的供给仅能改变儿童接受信息、抽象推理和解决问题的能力，但这种方法不能给予儿童在此之前他所没

① ［英］艾森克著．辛田译．了解自己的智力（一）．北京：原子能出版社，1985：29.

有的知识，即不能提高儿童的晶体智力。（3）IQ 提高的效果在年龄小的儿童中表现最显著；在小学儿童的身上，效果相对较微弱；而在十几岁的儿童身上，效果更微弱①。

关于如何测量自己的智商，艾森克给出了很多测量个体智商的问卷，其中包括测量个体整体智商的测验，也包括测量个体某一特殊能力的测验。艾森克认为一个整体智商测验对于了解个体的智商意义不是很大，个体更应该通过特殊智力测验来了解自己在某一特殊方面的能力情况。下面是一项有关数字能力的测验，有兴趣的读者不妨做一做，以了解自己数字能力水平的高低。在进行以下测验之前，有几点请读者一定要注意：必须严格守时，这一测验时限为 30 分钟，作答一定不能超过 30 分钟；测验者应该从未见过此测验材料，答题之前不得阅读题目②。

数字能力测验题

1. 找规律在问号处填数字。　18　20　24　32？

2. 找规律在问号处填数字。

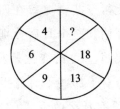

3. 找规律在问号处填数字。　212　179　146　113？

①　Eysenck H J. Intelligence：a new look．Transaction Publishers，New Brunswick，New Jersey，1998：103～105．

②　[英]艾森克著，辛田译．了解自己的智力（二）．北京：原子能出版社，1985：104～113．

4. 找规律在问号处填数字。

5. 找规律在问号处填数字。6　8　10　11　14？

6. 仿例找规律填数字。

17　（112）　39

28　（　　）　49

7. 找规律在问号处填数字。

3　9　3

5　7　1

7　1　？

8. 找规律在问号处填数字。7　13　24　45　？

9. 仿例找规律填数字。

234　（333）　567

345　（　　）　678

10. 找规律在问号处填数字。4　5　7　11　19　？

11. 找规律在问号处填数字。

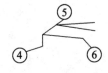 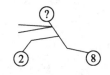

12. 找规律在问号处填数字。6　7　9　13　21　？

13. 找规律在问号处填数字。

4　8　6

6　2　4

8　6　？

14. 找规律在问号处填数字。64 48 40 36 34 ?

15. 找规律在问号处填数字。

2	6
54	18

?	9
81	27

16. 仿例找规律填数字。

718 (26) 582

474 ( ) 226

17. 找规律在问号处填数字。15 13 12 11 9?

18. 找规律在问号出填数字。

9 4 1

6 6 2

1 9 ?

19. 找规律在问号处填写数字。11 12 14 ? 26 42

20. 找规律在问号处填数字。

8 5 2

4 2 0

9 6 ?

21. 找规律在问号处填数字。

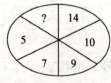

22. 仿例找规律填数字。

341 (250) 466

282 ( ) 398

23. 找规律在问号处填数字。

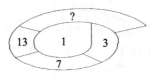

24. 仿例找规律填数字。

12　（336）　14

15　（　）　16

25. 找规律在问号处填数字。

4　7　6

8　4　8

6　5　?

26. 找规律在问号处填数字。7　14　10　12　14　9?

27. 找规律在问号处填数字。

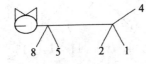 

28. 仿例找规律填数字。

17　（102）　12

14　（　）　11

29. 找规律在问号处填数字。172　84　40　18　?

30. 找规律在问号处填数字。1　5　13　29　?

31. 找规律在问号处填数字。

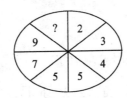

101

32. 找规律在问号处填数字。

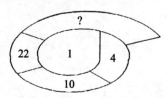

33. 找规律在问号处填数字。 0 3 8 15 ?

34. 找规律在问号处填数字。 1 3 2 ? 3 7

35. 仿例找规律填数字。

477 （366） 264

262 （ ） 521

36. 找规律在问号处填数字。

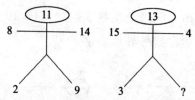

37. 找规律在问号处填数字。 4 7 9 11 14 15 19?

38. 找规律在问号处填数字。

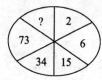

39. 找规律在问号处填数字

3 7 16

6 13 28

9 19 ?

40. 找规律在问号处填数字。

2		5		9		14		?
4		8		13		19		?

41. 找规律在问号处填数字。

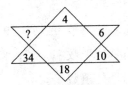

42. 找规律在问号处填数字。

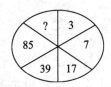

43. 找规律在问号处填数字。

44. 找规律在问号处填数字。

643　　（111）　　421

269　　（　　）　　491

45. 找 规 律 在 问 号 处 填 数 字。857　　969　　745

1193　?

46. 找规律在问号处填数字。

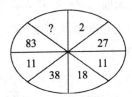

47. 仿例找规律在问号处填数字。

9　（45）　81

8 （36） 64

10 （?） ?

48. 找规律在问号处填数字。7　19　37　61　?

49. 找规律在问号处填数字。5　41　149　329　?

50. 找规律在问号处填数字。

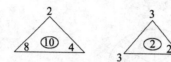

切记：此测验仅为帮助读者认识自己，不得根据测验的结果去作出重大的决定，比如说是否有资格上大学、负责一项特殊工作或承担一项特殊任务等。如果需要在这些方面征求别人意见的话，应该到相关权威机构去寻求咨询。

以上各题答案分别是 48、24、80、5、18、154、3、86、333、35、5、37、7、33、3、14、6、4、18、3、18、232、21、480、2、19、3、77、7、61、11、46、24、5、518、3、19、152、40、（20 和 26）、66、179、64、111、297、6、（55 和 100）、91、581、6。

创造力与智力、精神质

创造力（creativity）是很多心理学者都感兴趣的一个问题。创造力的研究最早可以追溯到亚里士多德（Aristotle，公元前 384－公元前 322）时代，但 19 世纪中叶前的哲学家们对创造力的描述和诠释带有很大的神秘主义色彩。高尔顿的《遗传与天才》（*hereditary genius*）一书出版后，有关创造力的研究才开始步入深入系统的科学研究，但这一阶段的研究大多是思辨性质的，对创造力本质的探索并没有取得实质性进展①。1950年，吉尔福特在其APA主席宣言中号召心理学家们关注一直被忽视但又十分重要的创造力研究。自此，关于创造力的研究迅速发展，许多心理学者分别从生理心理学、心理测量学、认知心理学和社会心理学等研究取向对创造力进行了深入的探讨。通过对创造力研究文献的分析发现，目前有关创造力的定义多达60多种②。吉尔福特认为，创造性思维是个体创造性的具体表现，创造性思维的核心是发散思维③。艾森克认为，创造性思维是指一个人的思维具有独创性，并且这样的思维结果是有意义的。创造力是把两个或多个以前从来没有被整合到一起的观念，在当前的情境中整合到一起。高智力对于高创造力来说是必需的。但是，有高智力，不一定就会有高创造力④。目前大多数心理学者一致的观点是认为一种观念的结果具有创新性（novel）和有用性（useful）是创造力的核心特征⑤。

一般地，心理学者们在研究创造力问题时，主要是集

---

① 王映学，寇冬泉，张大均．创造力的心理学研究进展与研究取向．上海：心理科学出版社，2007：489～491.

② Taylor C W. Various approaches to and definitions of creativity", In：The nature of creativity：Contemporary psychological perspectives. Cambridge University Press，1988：99～121.

③ Guilfod J P. Creativity，American Psychologist，1950：444～454.

④ Eysenck H J. Intelligence：a new look. Transaction Publishers，New Brunswick，New Jersey，1998：161～185.

⑤ Mumford M D. Where have we been，where are we going? Taking stock in creativity research. Creativity Research Journal，2003：107～120.

中在概括和总结创造者的诸多个性品质方面。埃里奇·弗罗姆（Erich Fromm，1900－1980）对创造者的能力作了如下描述："能力使人迷惑难解，能力是能集中精力，能力承认冲突和紧张，意欲每时每刻都在诞生。"吉尔福特则比较全面地提供了具有创造性的个体所应有的特征：对问题的敏感性、流畅性、灵活性、独创性、分析能力、综合能力、发现或改组新定义的能力、思维强度等。一些研究者认为，个体的创造力依赖于多种因素，包括认知能力、人格因素、认知风格、动机、知识和环境等①。艾森克认为，个体的创造性成就主要取决于以下三个方面：认知能力，包括智力、获得的知识、特殊才能等；人格特质，包括独创性、坚持性、不顺从性、精神质和动机等；外部的环境变量，包括政治宗教因素、社会经济条件、教育条件等等②。

因理论取向的不同，不同研究者会去测量创造力不同方面的结构，从而形成不同的研究范式。目前，有关创造力的研究主要有四种范式：创造力的认知加工取向，主要聚焦于创造力的认知因素；创造力的个人取向，主要对具有创造力的个人特征感兴趣，如智力或人格；创造力的发展取向，主要探讨个体一生中创造力的发展与表现；创造性环境取向，主要聚焦于可能对创造性成果产生影响的情境和各种环境因素③。

---

① Dodds R A，Smith S M，Ward T B. The use of environmental clues during incubation，Creativity Research Journal，2002：287～340.

② Eysenck H J. Intelligence：a new look. Transaction Publishers，New Brunswick：New Jersey，1998：161～185.

③ Simonton D K. Creativity：cognitive，personal，developmental，and social aspects. American Psychologist，2000：151～158.

在谈创造力时，我们经常会想到与创造力紧密相关的一个词——天才（genius）。亚里士多德认为"具有天才特质的人都有些疯癫"，也就是说天才和精神病是相联系的。对天才的科学研究首推高尔顿，他在 1869 年出版了《遗传与天才》一书，标志着对天才进行科学研究的开始。高尔顿依据个体是否被社会认可（social recognition）或个体的杰出性（eminence）来定义天才。高尔顿认为天才一般以一个家族的形式出现，即在一个家族里，要么有很多有杰出贡献的人，要么几乎没有。据此，他认为天才是由遗传因素决定的。但是，艾森克认为，虽然在一个家族里出了很多杰出的人物，但也很难说就是由遗传因素决定的，也可能是由环境因素影响而造成的。一个父亲整天打他的儿子，结果导致他的儿子具有攻击性行为，由此我们可以推断，是父亲打儿子这一原因（环境因素）导致儿子形成攻击性行为的；但是我们也可以认为是父亲的攻击性行为基因遗传给了儿子；还可能是儿子在其早期表现出了一种攻击性行为，导致其父亲对其施行攻击性行为。所以，很难说天才究竟是遗传因素还是环境因素造成的。艾森克也认为天才主要是遗传决定的，但他对这种遗传的解释和高尔顿大不相同。首先，艾森克解释了为什么说天才是遗传的，而在实际的生活中，却仍有很多父亲获得了创造性的成就，而其儿子表现一般的问题。艾森克用统计上的回归概念来解释这一现象。他认为虽然一个父亲创造性很高，但其儿子可能在创造性上表现得很低，甚至回归到平均水平。而且由于儿子的基因一半是来自于母亲，而母亲是不可能有创造性的（艾森克认为只有男性才具有创造性），所以有可能导致其后代不具有创造性。另一方面，艾森克也解释了为什么父母不具有创造性，而其儿子具有创造性的问题，他认为这是由于基因上的突变而引起的。艾森克为了证明环境因素对天才的形成没有什么影响，列举了很多取得创造性成就的人来证明这一点，他列举的人之中最杰出的就是美国科学家卡威尔（G. Carver）。他的发明在影响力上和爱迪生的差不多。他是最开始进行人工合成技术研究的科学家之一，并发明了农业化工。美国的花生工业就是以他的贡献为基础的，这也是美国的第六大农产品。然而，他的背景怎么样呢？他出生于一个黑人家庭，他的父亲在他很小的时候就病故了。后来，卡威尔被一对农民夫妇领养，但是这对农民夫妇没有能力供他上学。而且卡威尔自己也长期经受着疾病的折磨，身体极度虚弱，不能过度地劳动，所以只能在房子周围帮忙种种花，后来他发现自己对自然非常感兴趣，并成为了一个园丁专家。在他申请进入大学时，又因为是黑人而被拒之门外。就是在这样一种背景下，他却有很高的创造性成就。

除了智力、人格等心理条件对产生创造性成就和形成天才具有重要的影响外，艾森克认为以下几个方面对个体的创造力也有比较大的影响。①天赋是男性所具有的特征，而女性的创造力很低。艾森克运用以下事实来证明这一观点。数学家中没有一个是女性，而且世界上前一百位最杰出的雕刻家、画家、剧作家和作曲家，几乎所有的最伟大的科学家都是男性，而没有女性。至于比较出名的女性，也仅仅是在诗人和小说家中有一小部分，而且她们也只是比较突出而不是最著名的。当然，这一观点受到女权主义者（Feminism）的强烈反对，女权主义者认为之所以没有出现女天才，有以下几个原因：第一是男性的压制所致。

但艾森克认为，在中世纪时，女修道院是传播知识的地方，尼姑和僧侣受的教育是相同的，但尼姑的成就还是没有僧侣的成就高。第二，女权主义者认为女性需要照顾孩子和做家庭事务，所以没有突出的成就。但是艾森克研究表明，那些没有孩子和不需做家庭事务的女性，她们的成就与那些需照顾孩子、做家庭事务女性的成就相比，也没有显得更突出。而且，现在的社会中，一个家庭的孩子要比过去少得多，但是女性的成就还是没有什么变化。第三，女权主义者认为女性有更广泛的兴趣，而不是把注意力集中于某一方面。但是，艾森克认为最重要的原因是男性和女性在人格以及人格的心理生理和神经激素基础上具有差异。男性在"精神质"人格维度上得分比女性更高，而精神质和创造力的相关性很高。精神质不仅和创造力的相关很高，而且与个体的奋斗精神也是紧密相连的，这种奋斗精神有利于具有创造性的个体战胜各种困难，以便顺利地进行创造性活动。所以说，天才是男性具有的特征。②宗教信仰对创造力也有影响。艾森克认为虽然看起来天才不具有宗教信仰，而且很多科学家都是不可知论者和无神论者，但他们的父母所从事的宗教信仰活动常常与他们的成就相关。艾森克认为宗教信仰活动与个体的创造性成就之间不仅相关，而且，不同的教派的影响也存在差异。具体表现为，犹太人在天赋方面是最成功的，信仰新教的人位居第二，而信仰天主教的人是最不成功的。为什么会有这样的差异，可能的猜测是认为犹太人更注重教育，而新教倾向于工作，天主教侧重于信念。但是对于这一猜测还没有可证实的依据。③家庭背景。艾森克研究表明，天才一般出生于中产及以上的阶级家庭，特别是职业性的家庭。他研究了与他同时代的诺贝尔奖获得者的家庭背景，结果发现 54％ 的被试的父亲是一个职业工作者。这说明家庭经济背景可能对获得创造性的成就有贡献。但是，在获得诺贝尔奖的犹太人中，75％ 的人来自于社会经济地位比较低的家庭。所以，后来艾森克认为产生这种现象的原因可能与家庭的动机特征有关，而不是他们的经济状况。对于这种原因，艾森克认为也仅仅是一种猜测，没有可证实的依据。④年龄因素。心理学者勒曼（H. C. Lehman）采用一种客观的、系统的、量化的研究方法研究了很多具有杰出贡献人物的传记，并仔细考察了他们取得最突出成绩时的年龄，结果发现从 20 岁到 40 岁之间，这些人所取得的成就在急剧增加。在接近 40 岁时，达到最高峰。然后，随着年龄的增大，他们的成就开始慢慢地降低。而且在 40 岁以后，他们成就的降低主要是表现在质上，而不是量上。这也就是说，在 40 岁以后的生活中，虽然他们的成就和以前的一样多，但所取得的成就很少具有创造性。另外一些研究表明，对于不同的学科来说，按创造性成就高低所画的曲线不同，这种不同主要表现在曲线的顶点，即个体创造性处于顶峰的时刻。⑤季节的影响。艾森克通过研究《大不列颠百科全书》中所列出的杰出人物，发现他们大多出生在冬至与春分之间，其中二月份是顶峰时期。但是对于产生这一现象的原因还不太清楚。⑥太阳核子活动的影响。两千年前罗马的历史学家培特勒斯（Pateraulus）就指出天才是以一簇簇的形式出现的。耳特（Ertel）通过一系列的研究证明，在太阳核子活动频繁的时期，一般会出现战争、疾病等灾难性的事件，而在太阳核子活动比较少的时期，一般是出现突出的文化活动时期，此时会出现杰出的人才[1]。

精神质与创造力的关系。由于受医学模式的训练，精神病学家们在划分精神障碍时，主要是按照医学模式把精神障碍分为不同的种类。精神病学家克瑞培林（Emil Kraepelin，1856—1926）认为有两种主要的功能性精神病：躁狂抑郁症（manic-depressive psychosis）和精神分裂症（schizophrenia）。但是这种划分方法带来的直接后果就是，对于同一个病人，不同的精神病学家可能将他诊断为不同种类的疾病。艾森克考察大量的实验结果，认为这种按医学模式划分的方法是错误的，并相应地提出了自己的理论模式。他认为从正常状态到严重的精神病是一个连续的过程，而不应分为几种不同的类型。这个连续体的范围依次由利他行为、社会化、顺从，到轻度不正常表现、分裂型，最后到精神病等（图3-9）。在这个连续体上，精神病的严重程度是逐渐增加的，精神分裂是最严重的，因而处于图中的最右端；单极抑郁是程度最轻的，躁狂抑郁和分裂性情感精神病处于这两者之间。艾森克把这一连续维度叫做精神质，它呈正态分布，即大多数人处于中间的平均水平，两端是极少数人的状态[2]。图中的 P_A 曲线表明，一个人在精神质上的得分越靠近右端，那么在受到压力的情况下，他就越容易患精神病。在精神质维度上得分高的人表现为冷漠的（cool）、攻击的（aggressive）、自我中心的（ego-

① Eysenck H J. Intelligence: a new look. Transaction Publishers, New Brunswick, New Jersey, 1998: 135~142.

② Eysenck H J. Intelligence: a new look. Transaction Publishers. New Brunswick, New Jersey, 1998: 162~163.

centric)、冲动的、反社会的（antisocial）、没有同情心的（unempathic），同时具有创造力（见图 3-10）。

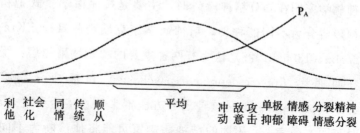

图 3-9　精神质维度分布与创造力之间的关系

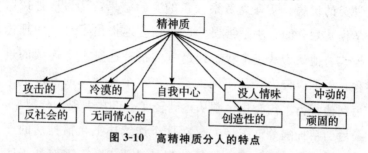

图 3-10　高精神质分人的特点

艾森克把创造性作为高精神质人的一大特点，这是艾森克创造力理论的关键之处。艾森克认为高精神质和创造力之间关系紧密，并有因果关系。他认为不仅认知能力会影响到个体的独创性和创造力，而且人格特质对个体的创造性也有很大的影响①。人格特质与创造力之间的关系，一直是许多心理学家所关注的重点。伍迪（Woody）和卡拉迪（Claridge）认为精神病理特征和创造性两者可能与某一因素有关，而这个因素又与反传统的愿望和反社会的行

① Eysenck H J. Intelligence：a new look. Transaction Publishers, New Brunswick，New Jersey，1998：170.

为有关，如激进、社会化低、自我中心和其它反社会的行为①。阿拜（Amabile）的研究表明，创造力是个性特征、认知能力和社会环境相互作用的结果②。斯腾伯格和罗伯特（Lubart）在其创造力的投资理论中提出，创造力是六种因素相互作用的结果，这些因素为：智力、知识、思维风格、人格、动机和环境③。费斯特（Feist）认为，仅掌握某领域知识和技能的个体与那些高创造力个体相比，存在许多人格特征方面的差异，如高创造力的个体好奇心更强、灵活、独立、开放、兴趣更广泛、更具有冒险精神，不墨守成规等④。艾森克试图把创造力、精神病理特征和异常认知风格三者结合起来进行讨论，从异常人格的角度来考虑创造力。艾森克把创造性作为高精神质的一大特征，认为创造力是精神质的一项功能。不过，艾森克同时谈到，如果个体在精神质上的得分达到极端，表现为精神病，那么就会破坏这两者之间的联系。一些研究者采用在创造性或发散性思维任务上的表现进行研究发现，更高的创造力与更高的精神质水平相关⑤。在对影响创造力的各种因素

---

① Woody E，Claridge G. Psychotism and thinking. British Journal of Social and ClinicalPsychology，1977：241～248.

② Amabile T M. The social psychology of creativity. New York：Spinger-Verlag，1983：159～185.

③ Sternberg R J，Lubart T L. An investment theory of creativity and its development. Human Development，1991：1～31.

④ Fiest G J. A meta-analysis of personality in scientific and artistic creativity. Personality and Social Psychology Review，1998：209～390.

⑤ Merten T，Fischer I. Creativity，personality and word association responses：Associative behavior in 40 supposedly creativity persons. Personality and Individual Differences，1999：933～942.

分析的基础上，艾森克提出了一种创造力模型，阐述了从遗传物质 DNA 到精神质，直至产生创造性成就的整个过程（见图 3-11）①。

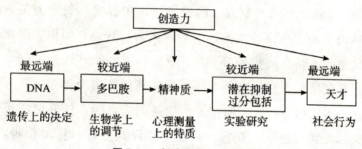

图 3-11　创造力的形成过程

遗传物质 DNA 决定神经生理系统的结构，特别是海马的构成和神经递质受体，以及那些与多巴胺及血液中的复合胺相联系的物质。这些物质的活动导致个体认知上的抑制。如果这些认知抑制失败就会形成高精神质，严重的就会产生躁狂抑郁症或精神分裂症。高精神质又促使个体具有创造性。此时，当存在相互作用的动机和认知特质及社会文化变量时，并处在有利的环境下，就能使得个体产生创造性的成就，我们就将这些个体视为天才。虽然精神质、多巴胺和潜在抑制在个体创造性上起着非常重要的作用，但艾森克认为，仅仅具有这些方面还是不够的。要想成为一名天才或具有创造性成就的人，还需要一种更重要的特质，那就是为维护创造性成就而顽强奋斗的精神。艾森克的精神质与创造力关系的观点在一些研究中得到了证实。一些研究者使用倒"U"字型来解释躁狂症和创造力

　　① Eysenck H J. Intelligence: a new look. Transaction Publishers, New Brunswick, New Jersey, 1998: 161～185.

之间的关系，认为适度的躁狂症导致个体创造力上的适度增加，而严重的双相障碍导致个体创造力的降低①。另有研究表明，那些没有被划分到精神病人之列，但表现出亚临床的轻度躁狂症的人可能更具有创造力②。

　　一些研究者采用没有被修订的精神质量表或人格描述的形容词评定量表研究发现，精神质和创造力相关，但当另一些研究者采用修订的精神质量表进行研究时，发现精神质和创造力之间不相关，而五因素模型中的经验的开放性与创造力相关③。那些在经验的开放性上得分高的个体更喜欢探索新奇的和多样性的东西，并倾向于对事物持非传统的态度。马汀德（Martindale）采用大学生样本进行研究，发现创造力更与外向性，而不是精神质相关性更高④。当然，马汀德认为这一结果并不与艾森克的精神质是天才个体创造力的基础的理论观点相矛盾，只是指出至少在具有潜在创造力的学生中，是去抑制（disinhibition）而不是精神质与创造力相关。外向性和精神质分别代表去抑制特

---

　　① Richards R，Kinrey D，Benet M，Merzel A. Assessing every-day creativity. Journal of Personality and Social Psychology，1988：476～485.

　　② Lloyd-Evans R，Batey M，Furnham A. "Bipolar disorder and creativity：Investigation a possible link"，In：A. Columbus，Ed.，Advances in psychology research（Vol. 40），New York：Nova Press，2006.

　　③ Wuthrich V，Bates T. Schizotypy and latent inhibition：non-linear linkage between psychometric and cognitive markers. Personality and Individual Differences，2001：783～798.

　　④ Martindale C. Creativity，primordial cognition，and personality. Personality and Individual Differences，2007：1777～1785.

质的不同方面。在已经表现出实际创造性成就的被试当中，创造力和精神质之间表现出很强的相关性，但如果采用仅表现出潜在创造性的被试进行研究，没有发现两者之间的相关性，或仅表现出微弱的关系。另有研究者认为，高精神质伴随着更大程度的概念扩散（conceptual expansion），并有助于提高创造性想象的原创性水平，但高精神质与这种创造性想象是否有实际用途没有关系①。所谓的概念扩散是指扩大已经存在的概念结构，或使已获得的概念的限定变得更加宽松的能力，这一过程对于产生新奇的观点非常重要，是创造性思维的核心特征②。

艾森克认为，精神分裂症患者与具有创造性的人有同样的认知机制，并分别采用过度包括（overinclusiveness）和潜在抑制（latent inhibition）等概念来解释③这一观点。过度包括这一概念最初是由卡马荣（N. Cameron）提出的，意思是指那些患精神分裂症的人不能把握住一个概念的内涵和外延，倾向于把一些仅与某一概念关联而不属于这一概念的成分也纳入到这一概念之中。过度包括是极端程度的刺激泛化（stimulus generalization），是采用新异的方法把各种观念连接起来。在过度包括上，精神病人和高精神质的人表现不同。精神病人虽然使用了很多与众不同

① Abraham A，Windmann S，Daum I，Güntürkün O. Conceptual expansion and creative imagery as a function of psychoticism. Consciousness and Cognition，2005：520～534.

② Ward T B. Structured imagination：The role of conceptual structure in exemplar generation. Cognitive Psychology，1994：1～40.

③ Eysenck H J. Intelligence：a new look. Transaction Publishers，New Brunswick，New Jersey，1998：161～185.

的方法来对事物进行分类，但他们所做的分类是没有意义的；高精神质的人不但采用了与众不同的方法对事物进行分类，而且这种分类很有意义和具有创造性。过度包括的认知风格是个体创造性能力的基石，这种认知风格是高精神质的个体典型表现。但有研究者认为，精神质（低随和性/低尽责性）可能是额叶功能综合性执行障碍症（hypofrontal dysexecutive synrome）的判断指标①，精神质是由额叶功能衰退，而不是艾森克所提出的过度包括机制作用产生的，精神质不（直接地）与高创造力相关②。精神质可能是对创造力的流利性成分起着负面影响的一种变量，这种变量也是增加反应的新意性和独特性的一种因素。

艾森克还认为较强的潜在抑制会阻止个体发散思维的形成，从而阻碍个体的创造性③。精神分裂症患者和高精神质的人与低精神质的人相比，他们的潜在抑制都很弱，甚至是没有。这种很弱的潜在抑制导致他们的过度包括，从而去注意所有的环境刺激。为了寻求精神分裂症的原因，现代的心理学者们强调这些病人的认知失调，即患精神分裂症的人不能集中注意力的问题。这种认知失调理论是和艾森克的潜在抑制理论相关联的。原因在于，

---

① Poreh A M, Ross T P, Whitman R D. Reexamination of executive functions in psychosis-prone college students. Personality and Individual Differences, 1995: 535～539.

② Wuthrich V, Bates T. Schizotypy and latent inhibition: non-linear linkage between psychometric and cognitive markers, Personality and Individual Differences, 2001: 783～798.

③ Eysenck H J. Intelligence: a new look. Transaction Publishers, New Brunswick, New Jersey, 1998: 161～185.

个体由于潜在抑制的失败，导致其认知上的失调。有研究表明，精神质与潜在抑制相关[1]，高精神质的个体表现出潜在抑制的缺乏。然而，另有研究采用修订后的精神质量表进行研究发现，精神质和潜在抑制之间没有关系[2]。

还有一些研究者采用自上而下的或预期驱动的信息加工观点来解释。自上而下的或预期驱动的输入信息加工是指个体的知识和预期在输入信息加工中的影响。自上而下的加工缺乏不仅表现在具有精神分裂症的病人中，也表现在具有高精神质或高精神分裂型的个案中[3]。自上而下的加工与聚焦活动相关联。如果聚焦点是狭窄的，那么预期和事先的激活影响就会导致个体相对地集中于某个选择的任务上。在扩散的自上而下（diffuse top-down）的加工情况下，聚焦点就会变得更加宽泛，以至联系更加松散的和分布更加宽泛的各种信息就会一起被激活。扩散的自上而下的加工观点既支持了艾森克的过度包括是高精神质个体所具有的特征的观点，也与创造性认知的某些方面[4]相

① De la Casa L G, Ruiz G, Lubow R E. Latent inhibition and recall/recognition of irrelevant stimuli as a function of preexposure duration in high and low psychotic-prone normal subjects. British Journal of Psychology, 1993: 119~132.

② Kumari V, Toone B, Gray J. Habituation and prepulse inhibition of the acoustic startle reflex: effects of smoking status and psychosis-proneness. Personality and Individual Differences, 1997: 183~191.

③ Vianin P, Posada A, Hugues E, Franck N, Bovet P, Parnas J, et al. Reduced P300 amplitude in a visual recognition task in patients with schizophrenia. Neuroimage, 2002: 911~912.

④ Abraham A, Windmann S, Daum I, Güntürkün O. Conceptual expansion and creative imagery as a function of psychoticism, Consciousness and Cognition, 2005: 520~534.

符合。扩散的自上而下的加工非常有利于概念的扩大，原因在于它减少了个体通常所表现出的已有概念的抑制效应。

除了从认知的角度去探讨精神质与创造力的机制，艾森克还从生理的方面进行了研究。艾森克认为，精神质可能部分是由皮质的唤醒所决定的，alpha 波的范围是皮质唤醒的指标[①]。通过 EEG 技术进行的研究发现，高精神质的个体与低精神质的个体在 alpha /theta 的强度比率（alpha /theta power ratio）上具有很大的差异。低精神质的个体在各种不同条件的光刺激下，他们的 alpha /theta 强度比率有很小的差异，但高精神质的个体在不同的光刺激条件下差异很大[②]。高精神质的个体所表现出的 P300 事件相关电位的波幅与低精神质个体的有一定差异[③]。另以韩国的大学生为被试进行的研究表明，在闭眼的实验条件下，alpha 波幅与精神质具有显著的正相关[④]。格雷等研究认为精神质与神经中枢中的多巴胺 D2 受体具有显著

① Eysenck H J. Personality：Biological foundations. In：P. A. Vernon，Ed. ，The neuropsycholgoy of individual differences. London：Academic Press，1994：151～199.

② Glicksohn J，Naftuliev Y. In search of an electrophysiological index for psychoticism. Personality and Individual Differences，2005：1083～1092.

③ Stelmack R M，Houlihan M，McGarry Roberts P A. Personality，reaction time and event-related potentials. Journal of Personality and Social Psychology，1993：399～409.

④ Sang Eun Chi，Chang Bum Park，et al. EEG and personality dimensions：A consideration based on the brain oscillatory systems. Personality and Individual Differences，2005：669～681.

的相关性①。艾森克最初认为精神质与血清素的功能相关，后来他又提出精神质与多巴胺相关②的观点。精神质与神经系统中的多巴胺的过多分泌而引起的神经冲动的抑制降低有关。艾森克还推测精神质与男性雄性激素的分泌有关。虽然目前还缺乏确切的研究事实来证明精神质与雄性激素的分泌有关，但有研究发现精神质与雄性激素受体基因上短的 CAG 系列之间具有显著的相关性③。

遗传率的解释

在行为遗传学中，遗传率是个很重要的概念。遗传率（heritability，h^2）是指观测到的可归因于遗传作用的分数变异比率④。也就是说遗传对某特质可变性影响的大小，也不是简单地指遗传是否影响某一特质。遗传率有狭义和广义两层含义。狭义遗传率指家庭成员中的遗传作用。父母与子女间在某种特质上的相关可以用狭义遗传率的部分观点来解释。但是，狭义的遗传率无法描述基因间可能存在的相互作用。广义遗传率则克服了这一局限，它可以评

① Gray N S，Pickering A D，Gray J A. Psychoticism and dopamine D2 binding in the basal ganglia using single photon emission tomography. Personality and Individual Differences，1994：431～434.

② Eysenck H J. Personality and experimental psychology：The unification of psychology and the possibility of a paradigm. Journal of Personality and Social Psychologoy，1997：1224～1237.

③ Loehlin J C，Medland S E，Montgomery G W，Martin N G. Eysenck's psychoticism and the X-linked androgen receptor gene CAG polymorphism in additional Australian samples. Personality and Individual Differences，2005：661～667.

④ ［美］珀文著，周榕，陈红等译. 人格科学. 上海：华东师范大学出版社，2001：166.

估某一特质变异中的所有遗传变异，可以对多种基因相互作用和特定基因的组合进行评定[①]。

艾森克认为那些将遗传率理解为一种固定的、不变量的观点是错误的。遗传率是一个人口统计量，它不适用于某一特定的个体，而适用于某一个群体；它适用于某一特定的时间里的某一特定的人口[②]。例如虽然艾森克认为成人智力的遗传率为80%，但是具体到某一个人，我们不能就绝对地认为，他的智商80%是由遗传决定的。相类似，虽然中国男性的平均身高是175厘米，但我们不能说自己的身高就一定是175厘米。艾森克认为环境的变化也可以改变遗传率。例如，一项实验研究比较了第二次世界大战时期的双生子和最近双生子的教育成绩受遗传率影响的程度。结果发现，现在的双生子和第二次世界大战时的双生子相比较，在教育成绩上受遗传率的影响增加了很多，具体表现为从40%增加到了70%。这一变化的原因在于，环境因素在决定个体智商高低的过程中，也起着一定的作用。艾森克认为现在的儿童不论其贫富，都接受了最基本的学校教育，因此他们都能理解智力测验的题目，并能解决相关的问题；而在过去，很多儿童接受不到学校教育，他们基本上都是文盲；所以现在和过去的儿童相比，受遗传率的影响增加了。依此，艾森克认为，按照平等受教育的原则来改变当前的教育政策是必需的，这种改变越大，那么

---

①　郭永玉. 人格心理学：人性及其差异的研究. 北京：中国社会科学出版社，2005：62.

②　Eysenck H J. Intelligence：a new look. Transaction Publishers，New Brunswick，New Jersey，1998：39.

遗传对个体的成就影响就越大。他曾做了一项研究，比较挪威在两种教育政策下，遗传率对双生子学业成就影响的情况。其中一种教育政策是特权式、不平等的；另一种教育政策是所有的儿童平等地拥接受学校教育。研究结果表明，在所有儿童都平等地有受教育机会的条件下，遗传率对双生子成就的影响更大。

艾森克还认为遗传率不是绝对的，一个国家和另一个国家的遗传率有很大的差异；不同年龄阶段之间，遗传率也有很大的差异。具体表现为，在儿童中遗传率最低，仅为 40%；而在成年人中是最高的，达到 80%[①]。艾森克对这一现象进行了解释，认为原因在于环境的模糊性。一般情况下，人们错误地认为环境因素是客观的、固定的和可测量的。如一般人认为可以通过列出一个家庭的收入、社会地位、所拥有的书籍、教育类型以及父母对儿童采用的教育方式（是严格的还是宽容的）等等来确定环境因素。但是，使用这些方面的信息来确定环境变量存在一些问题，因为随着儿童的成长，他们越来越依靠自己来选择环境，艾森克认为这种选择是由儿童的遗传因素决定的。儿童按照他们遗传因素的贡献来对环境做出不同的解释。如当被询问抚养他们的环境如何时，双生子认为是一样的。研究还表明，在对环境看法的一致性上，同卵双生子比异卵双生子高。这也就是说，父母的同一行为，会被不同的儿童以不同的方式进行解释，假如这些不同的儿童的遗传因素越相似，那么他们对父母同一行为的解释就越一致。环境

---

① Eysenck H J. Intelligence: a new look. Transaction Publishers, New Brunswick, New Jersey, 1998: 42.

不是客观规定的，在很大程度上是由我们自己创造的。这也说明了为什么遗传率对儿童智商的影响作用很小，而对年龄越大的人影响越大。原因在于儿童只有很少的可供选择的环境，他们总是生活在某一固定的环境中，所以环境对他们的影响很大。随着他们年龄的增大，他们会接触到更多的环境，因此他们就会按照自己遗传因素所决定的需要来选择环境，环境对他们的影响就会越来越小。同样，这也可以用来解释为什么领养的儿童随着年龄的增大，在智商上和其亲生父母的相关性越来越高，而与其养父母的相关性越来越低。原因在于当儿童年龄很小时，他完全生活在一个由其养父母所决定的环境中，这样导致了儿童和养父母之间的智商有一定的相关性。但是随着儿童的成长，他越来越依靠自己的遗传因素，自由地选择环境，导致他从其养父母所给予的环境中摆脱出来，从而表现出与其养父母之间的相关性越来越小，而与其亲生父母之间的相关性越来越大。同时，这也可以解释艾森克的另一观点，即随着年龄的增加，家庭环境对儿童的影响越来越小，而遗传因素对儿童的影响越来越大。

　　艾森克认为遗传率除了对智商的影响很大之外，对个体的人格也有影响。特别是在内外倾人格维度上，艾森克认为是个体的遗传因素使其表现为外向型或内向型的。他认为人的大脑皮层的总体活动水平是与生俱来的。这一生理上的遗传差异在人的一生中都相当稳定，并最终发展成为成年人外向或内向的活动风格。虽然艾森克认为遗传因素对儿童的影响随着年龄的增加而增大，但是他并不认为个体的行为、能力和人格特质完全是由遗传因素决定的。艾森克也反对那种认为个体的发展完全是由遗传因素决定的，所以自己没有能力来改变自己的，治疗也没有意义的看法。

遗传与环境

在心理学发展史上，关于个体的心理和行为究竟是由遗传决定的还是由环境决定的，或由这两者相互作用共同决定的问题，纷争已久。具体来说，有以下几种取向：遗传决定论：遗传决定论者认为个体的发展完全是由先天的遗传因素决定的，外界的环境因素、教育对个体的发展没有影响；环境决定论：环境决定论者片面地强调环境因素和教育对个体发展的影响，而完全否定遗传因素的作用；二因素论：由于遗传决定论和环境决定论都过于片面和绝对，因而遭到后来的很多心理学者的批评。为了比较全面地了解个体的发展问题，一些心理学者采取折中的态度，认为遗传和环境两个因素共同决定个体的发展；相互作用论：这是目前影响最大的一种观点。相互作用论者认为心理的发展是遗传和环境两种因素相互作用的结果，遗传对心理发展的作用大小受环境因素的影响；环境因素发展作用的大小也受遗传因素的影响。也有一些心理学者用遗传限（reaction range）的概念来解释遗传和环境的相互作用。遗传限是指个体的智力高低在基本上是受遗传因素决定的[①]。但遗传因素所决定的不是一个定点，而是一段阈限，即从下限到上限的一定范围。个体的智力可以在这个遗传限范围内上下变化，引起这种变化的主要因素是环境因素。个体生长的环境越好，那么他的智力水平就越接近于上限；个体生长的环境越差，那么他的智力水平就越接近于下限。

---

① 张春兴. 现代心理学——现代人研究自身问题的科学. 上海：上海人民出版社，1997：436.

不管环境如何好或如何坏，个体的智力水平不会超过这一上限和下限。但是对于这种遗传限的解释，目前还缺乏科学的依据。

艾森克在遗传与环境问题上属于二因素论者。他认为个体的发展，必须是遗传和环境两个因素共同作用的结果。他说："没有遗传基因的作用而产生我们的大脑、骨骼和肌肉，我们就什么也没有。同时，假如没有环境因素给我们提供养分，让我们成长，我们也什么都没有。"他认为在个体的发展中，不是遗传决定或环境决定的问题，而是遗传和环境分别起的作用大小的问题。在遗传和环境具体作用的大小问题上，艾森克认为遗传的作用比环境的大。艾森克曾分别进行了同卵双生子与异卵双生子的比较研究，结果表明个体的智商 80% 是由遗传因素决定的，而只有 20% 是由环境因素决定的。另外，艾森克还进行了领养儿童的智商与领养父母的智商及与亲生父母的智商之间关系的研究。结果表明领养儿童的智商与领养父母智商之间的相关性随着儿童年龄的增大，而逐渐降低。但是，这些领养儿童的智商与其亲生父母智商之间的相关性随其年龄的增加而增大。由此，艾森克认为遗传因素在个体的发展中，比环境因素的作用更大。当然，艾森克这种过分地强调遗传因素对个体发展作用的观点，已经受到了很多学者的批评。

目前，对于个体的发展，普遍的看法是认为遗传、成熟、环境、教育都起作用，它们之间存在相互影响、相互制约的关系。遗传和成熟是个体心理发展所必需的物质前提和基础，为个体心理的发展提供了一种可能性。在遗传和成熟所提供的可能性范围内，环境和教育对个体心理发展的现实水平起决定性作用。环境和教育使遗传和成熟提供的心理发展的可能性变为现实，并制约着个体心理发展的水平和方向。个体心理的发展是遗传与环境两因素相互作用决定的结果。

4. 治疗理论

心理学研究的目的是揭示心理现象发生、发展变化的规律，进行描述、解释、预测和控制。针对个体出现的一些异常心理表现，我们需采取一些适当的方法进行治疗，即心理治疗。在心理治疗当中，由于不同心理学流派取向上的不同，他们对产生心理疾病的原因分析及所采用的治疗方法都有所不同。具体来说，在心理治疗中，主要有四大治疗流派，即精神分析、行为治疗、人本主义的"以人为中心"的治疗方法和认知疗法。

行为治疗取向

艾森克在心理治疗方面，主张行为治疗，反对精神分析。艾森克认为弗洛伊德（Sigmund Freud，1856－1939）的精神分析疗法还不如安慰剂效应（placebo effect），精神分析根本没有什么治疗效果[①]。曾有人采用漫画的形式对精神分析的治疗方法给予了形象逼真的描述。漫画中有关两位精神分析师，其中一位分析师虽年轻，但显得精疲力竭；另一位虽老，却红光满面、神清气爽，背景是一栋医院建筑。年轻的分析师向年老的问道："你连续数小时听他们的问题，怎么还能这么冷静？"较老的说："谁在听来着？"心理分析家常把他们的光芒深藏不露，虽然他们似乎总会信誓旦旦地说，他们的方法是唯一有效的。他们最常

---

① Eysenck H J. The effects of psychotherapy: An evaluation. Journal of Consulting Psychology，1952：319～324.

做的是先发展个案，千篇一律地说他们的病人好转了，然后从这些举出的个案推广到一般状况。如一个患恐惧症的病人，他在经过四年的心理治疗后病情好转了，但这并不足以证明他是因为心理治疗才好转的。即使治疗者举出道理，通常也是谬论，不足与辩；从祈祷到给病人洗冷水澡，从催眠到拔牙，治疗的方法称得上是五花八门，皆被治疗者引为救世良方，但治疗者对治疗过程从未加以详述。最明显的困难应是所谓的自然痊愈的问题。艾森克认为，神经症患者，常常未经正式治疗，就奇迹般地豁然而愈。事实上，大部分情况正是如此。有的时候，患者接受一些心理分析家认为无效的治疗法后，却不声不响地好了。心理分析家大多只选择那些状况较好、较聪明的患者，尤其是比较容易从治疗中受益的患者进行治疗。而且，经过心理分析家治疗的人，反而比未经过治疗的人更不易复原。在许多控制很严格的实验中，未经过心理分析治疗的患者和经过心理分析的患者在病重程度上没有什么明显的差异。也许有人认为，也许把心理分析用在孩子身上比较有效。然而，经过广泛比较研究，结果表明孩子的情况与成人一样，均无法从心理分析得到太多的好处。艾森克在1952年曾发表了一篇报告，例举证据指出心理分析对神经症患者没有具体功效。这一篇报告曾引来各种答复、批评和争论，但没有人能提出任何临床经验来证明心理分析的作用。以致艾森克说，只有那些知识不足的半吊子分析家才会不顾事实，仍一味吹嘘心理分析的效果。心理分析如此一无是处，为什么会有那么多人说他们的确受到莫大的助益呢？艾森克认为可以用心理学家斯金纳（Burrhus Frederic Skinner，1904－1990）所做的一个著名的实验来加以解释。斯金纳把十二只鸽子锁在一个笼子里十二个小时，用自动撒谷机每隔一段时间撒下一些谷粒给它们吃。当斯金纳第二天回去时，发现那些动物的姿态都很奇怪，有的单脚跳上跳下，有的单翅扑个不停。为什么会出现这种样子，原因是当这些动物做某个特别的动作时，撒谷机刚好撒下一些谷粒，于是鸽子便以为这个动作可以产生谷粒，它们就一再重复那个动作。等到第二次谷粒撒下时，鸽子就更坚信它们的努力是有效的。结果十二个小时下来，它们一遍遍地重复自己的特殊动作，而谷粒仍不定时撒下来。艾森克认为，患者及心理分析家对心理分析疗效的信念，正是这样形成的。无论是否加以治疗，神经症都会变好。这种进展于是产生增强作用，相当于鸽子接收谷粒的情形，而心理治疗者的行为就如同鸽子在整段实验过程中的偶发动作一样。其行为不导致增强作用的发生，而只是在条件作用过程中与增强作用相互连接而已。然而，由此却形成了迷信，病人和鸽子都认定某种行为与疗效或奖赏是因果关系。治疗者听了病人有关好转的话，也就认定同样的事实。常有人认为，心理分析不只是一种治疗而已，即使在某一方面证实了它的效用不彰，也无法否认它的其他价值。艾森克对于完全接受这种说法仍应采取保留的态度。首先，心理分析的要义是从实际治疗经验中累积来的，若说心理分析的原始目的虽然失败，但它的要义仍具有科学价值，这种说法未免太牵强。除此之外，如果心理分析的理论为真，那么自然痊愈以及其他分析治疗就应该没有效果，甚至患者的状况应该越趋严重才对，然而事实证明并非如此。艾森克对精神分析中的梦的分析技术也提出了质疑。首先，同样的一个梦，一旦遇上不同的分析家，往往就有完全不同的一套解析，而且他们的解析通常都是相互矛盾的。如此看来，假如其中的一种解释正确，那么其他的解释势必错误。问题是我们根本无法决定哪一种解释方为正确，而且更有可能每一种解释都是错误的。分析家常常说，他们分析梦的正确与否，关键在患者是否接受这种解释，或者经过这种解释后，他们的情况是否好转。艾森克认为这些观点不太合理，一个患者的接受与否不能被当做科学的证据。弗洛伊德的错误在于他无法区分事实以及对事实的解释两者间的差别。但由于弗洛伊德对文字能巧妙地运用，以及深知如何充分利用个案，使得他的错误不容易被发现。然而，对于那些想要区分各种差别，想在事实的解释中找出事实的人来说，就非易事了，他会发现由于弗氏那天衣无缝的遮掩，根本无从发现事实①。有些治疗家认为使用精神分析方法对患者进行治疗，具有很强的负面影响②。艾森克对行为治疗中的系统脱敏、厌恶疗法和代币疗法大加赞赏。他认为，如果能将神经症的特征视为对产生恐惧的情境和事物的条件性情绪反应，并引申到对其他类似的情境和事物产生的泛化（generalization）反应，那么我们就可善用现代行为派的学习理论，探讨这些条件反应的学习和消退，并以此知识系统建立一套更好、更有效的治疗方法，称之为行为治疗。艾森克把精神分析方法和行为治疗方法进行了比较，试图说明行为治疗方法的优越性（见

---

① ［英］艾森克著，张康乐译．心理学与现代社会．台北：桂冠图书股份有限公司，1992：28～32.

② Hadley S W, Strupp. Contemporary views of negative effects with psychotherapy. Archives of General Psychiatry，1976：1291～1302.

表 3-2)①。

表 3-2　精神分析与行为治疗之间的区别

精神分析	行为治疗
以不一致的理论为基础，这些理论没有适当的表达形式，主要是以假设的形式提出的。不同的精神分析者强调形成神经症的不同基础。具体来说，有些强调生物基础，有些强调社会文化因素。	以一致的、具有适当的表达形式的理论为基础，并能导致可检验的推论。例如，行为治疗的理论都是以巴甫洛夫的经典条件反射和斯金纳的操作性条件反射为基础的。
理论来自于临床的观察，而这些观察是没有经过严格的控制的。	治疗理论来自于专门用于检验其基本理论的实验研究，并以此实验结果进行推论。
认为所表现的症状是由无意识的原因产生的，并导致可见的结果（很复杂）。	认为个体所表现出的症状是由于不适当的经典条件反射所引起的。
认为个体所表现的症状是由于压抑的结果。	把症状看成是由于错误的学习所引起的。
从症候学意义上讲，认为心理障碍的形成主要是由防御机制所决定的。防御不当就会形成心理障碍。	从症候学意义上讲，心理障碍的形成主要是由个体在条件性能力（conditionability）和自主不稳定（autonomic a lability）上的差异，以及意外的环境刺激所决定的。
对所有神经症的治疗必须以患者的历史经验为基础。	对神经症患者的治疗主要考虑患者目前存在的习惯，没必要考虑其历史经验的影响。

---

① Eysenck H J，Martin．Theoretical foundation of behavior therapy．New York，Plenum Press，1987：4.

精神分析	行为治疗
治疗过程主要是通过对患者潜在的（无意识的）动力进行分析，以获得治疗的成功，而不是治疗症状的本身。	治疗过程主要是通过对患者的症状进行治疗，以获得治疗的成功。例如，除掉患者所形成的不适当的条件反射，以便形成适当的条件反射。
对患者所表现出来的症状、所做的梦、所表现出来的行为进行分析，是治疗过程中的重要环节。	在治疗过程中，即使是不完全带有主观性的解释，或者，即使是正确的解释，也是没有必要的。
对患者症状的治疗导致患者出现新的症状。	经过治疗，可以彻底消除神经症，患者也不会出现新的症状。
对于神经症的治疗来说，治疗患者的关键是转移关系，即移情。	对于神经症的治疗来说，虽然在某些情况下，个人的关系对治疗是有用的，但是，在整个治疗过程中，个人的关系不是十分重要的。

艾森克认为，行为治疗中的代币法并非限于治疗精神异常或行为异常的患者，它能实际应用于所有人类的问题[①]。例如婚姻领域，特别是濒临破裂的婚姻。基本假设为，配偶双方均会选择对自己最有报偿的互动方式。如果一个丈夫经常和他的朋友在一起，而无法陪伴他的妻子，其结论应是他的朋友比妻子提供了更好的报偿。大多数结婚的成人均期望能与伴侣享受互惠的关系，每当其中一方有所付出，使另一方受惠时，付出方深信未来必然能够得到相同的报偿。这种互惠关系的发展，其结果与正面增强作用没有什么差别。越是互相吸引的人，彼此之间越能产

---

① ［英］艾森克著，张康乐译．心理学与现代社会．台北：桂冠图书股份有限公司，1992：137.

生增强作用。一旦婚姻亮起了红灯，伴侣不仅对对方的增强作用减少，甚至演变成彼此毫无吸引力、毫无增强作用。因此要修复正处婚姻破裂的互动关系，发展伴侣间相互给予对方报偿的力量尤其必要。在每一件不幸婚姻中，每个伴侣都需要来自对方强化与鼓励的力量，但很少有人愿意付出。因此，所有人都应了解，在他要求伴侣的行为令他满意之前，自己先得投资一些报偿对方的鼓励行为，才能稳妥地从对方获取自己所需的报偿。

神经症的形成与消退

弗洛伊德认为精神病是由神经症发展而成的，但是，艾森克认为神经症和精神病是两个不同的维度。神经症和精神病分别是两个不同维度上的某一极端点，即在一个维度上，表现为从正常心理的个体到极端异常的精神病患者；在另一个维度上，却表现为从正常的个体到极端异常的神经症患者①。每一个维度都是一个连续的统一体，从正常到异常，仅表现为病症程度上的不同，而不是像一般人所认为的，是一个两极分布，要么是正常心理，要么是神经症或精神病。

艾森克认为，华生的神经症理论基础是将引起恐惧或害怕反应的创伤性事件视为无条件刺激，相应地将导致的恐惧或害怕的反应视为无条件反射。当在无条件刺激发生之前或同时，呈现一个中性刺激，中性刺激和无条件刺激相连，它们多次结合之后，中性刺激就变成了条件刺激，并引起与无条件反射相似的条件反射。华生还认为，个体在形成条件反射后，假如不立即进行去条件化，那么个体

① Eysenck H J, Martin I. Theoretical foundation of behavior therapy. New York：Plenum Press，1987：6.

形成的条件反射就会无限期地持续下去。但是艾森克认为华生的这一理论导致了以下三个很难解决的问题。第一，临床上的问题。一般来说，在战争中形成的神经症是创伤性事件引起的。在日常生活中，人们在形成神经症时，很少有这种创伤性经历。大多数神经症刚形成时，患者并没有经历很大的创伤性事件，也没有立刻形成一个很强的条件反应。相反，由条件刺激所引起的焦虑是在逐渐增加的，这一过程可能要花费几年，甚至是几十年的时间，才会形成严重的神经症。第二，已形成的条件反应消退过于容易的问题。华生和巴甫洛夫认为在条件反应形成之后，假如立即对患者进行去条件化，那么神经症就会立即消退。在实际生活中，不论条件刺激是什么样的，患者很可能会在没有得到相应强化的条件下，再次接触到这一条件刺激。那么，按照华生和巴甫洛夫的观点，已形成的条件反应应该很快就会消退。但是，事实并非如此。例如，已形成老鼠恐怖症的人，在后来的生活中，他们经常会在一个没有威胁性的情景中看见老鼠，但是这个人已形成的恐怖症并没有立刻消退。第三，条件反应强度问题。在巴甫洛夫的经典条件反应理论中，已形成的条件反应的强度，比无条件反应的强度要弱。但是，艾森克认为在临床上，最初的条件经历经常导致无条件反应和条件反应相混淆，即分不清个体的焦虑或害怕是由条件反应引起的还是由无条件反应引起的。在经过长时间的发展之后，条件反应才会变得很强，以致只通过条件反应就能形成实际的心理疾病。在这种情况下，已形成的条件反应强度比最初的无条件反应强度更强。但按照巴甫洛夫的经典条件反应理论，这是不可能的①。

经典条件反射的发现

经典条件作用这一现象是在 18、19 世纪之交时，由美国和俄国的研究者分别独立地发现的②。美国的 Edwin B. Twitmyer（1873—1943）在宾夕法尼亚大学完成他的有关膝跳反射的学位论文时发现了这一现象，并于 1904 年在美国费城举行的美国心理学会第 13 届年会上以"没有刺激膝盖的膝跳"为标题报告了这一结果③。然而，戏剧性的是，Twitmyer 的报告并没有受到参加那届会议的心理学家们的关注。詹姆斯是那届年会的主席，他也没有重视这一报告结果的意义。部分原因可能在于，当时美国心理学家们的主要兴趣在通过内省的方法来描绘意识的成分④。部分原因在于 Twitmyer 本人没有意识到这一现象潜在的意义和价值，也没有进行更深入细致的研究。

而在当时的俄国，情况截然相反。当巴甫洛夫和他的同事们发现条件作用的现象后，立刻意识到这一现象的重大价值，并进行了大量而深入的实验研究。巴甫洛夫和他的同事们不仅发现经典条件作用这一现象，还探讨了经典条件作用的主要内容（如条件和无条件刺激及条件和无条件

---

① Eysenck H J，Martin I. Theoretical foundation of behavior therapy. New York：Plenum Press，1987：15～20.

② Clark R E. The classical origins of Pavlov's conditioning. Integrative Physiological & Behavioral Science，2004：279～294.

③ Twitmyer E B. Knee-jerks without stimulation of the patellar tendon. Psychological Bulltin，1905：43～44.

④ Coon D J. Eponymy，obscurity，Twitmyer，and Pavlov. Journal of the History of the Behavioral Sciences，1982：255～262.

反应），发展了延迟（delay）、痕迹（trace）、同时（simultaneous）和回溯（backward）条件作用的基本范式，确认和阐述了影响条件作用的许多因素。早在 1880 年，巴甫洛夫和他的同事在研究动物进食过程中胃液的分泌时发现，当食物已经进入到动物的口中，但并没有进入胃，而是通过一个被插入的食管流出时，动物也会分泌胃液，就像真的有食物进入胃部一样。巴甫洛夫立刻认识到这一发现具有重要意义，并改用测量动物唾液的分泌这一更简便的方式来研究这一现象，并于 1903 年，在西班牙的马德里举行的医学国际大会上，以《动物中的实验心理学和精神病理学》为标题把最初的研究结果呈现出来。巴甫洛夫的一位学生 Anton Snarsky 进行了类似的工作，根据被试的内心感受（inner thoughts）来描述这一学得的行为，并采用"心因性分泌"（psychic secretion）来命名，以强调这一行为的心理特性，并与不是通过学习得到的生理反射相区别。然而，巴甫洛夫对这一术语的主观含义和这一现象的主观解释并不是很满意，反对将这一现象拟人化（anthropomorphizing）[1]。以致在巴甫洛夫实验室工作的一名研究者 Tolochinov 在 1903 年的自然科学大会交流文章中把"心因性分泌"改为"条件反射"（conditional reflex）[2]。

一直到 1906 年巴甫洛夫在《科学》杂志上发表了一篇

---

[1] Windholz G A. Comparative analysis of the conditional reflex discoveries of Pavlov and Twitmyer, and the birth of a paradigm. Pavlovian Journal of Biological Science，1986，141～147.

[2] Pavlov I P. Conditioned reflexes：an investigation of the physiological activity of the cerebral cortex. Oxford U. P.，Humphrey，1927：36～46.

题名为《更高级动物中有关心理的功能或加工的科学研究》的文章后，美国的研究者们才了解巴甫洛夫所做的经典条件作用的研究①。在美国，巴甫洛夫的经典条件作用研究被广泛关注，其中华生功不可没。华生在就任美国心理学会主席的致辞中，以《条件反射在心理学中的位置》作为标题，并主张使用经典条件作用作为心理学研究的一种工具。这些使得美国的心理学研究者们开始重视经典条件作用的价值。

按照华生的理论，只要已形成神经症的患者经常接触条件刺激，但没有得到相应的强化，那么患者已形成的神经症就会逐渐消退。但是，实际生活中的一些现象与华生的观点相反。即一些神经症患者在只接触条件刺激，而没有得到相应的强化时，他们已形成的条件反应并不是减轻或消退，而是强度更大。针对这一异常现象，艾森克采用巴甫洛夫 A 型条件反应和巴甫洛夫 B 型条件反应来解释②。格雷（Grant）认为巴甫洛夫的经典条件作用可以细分为两类，即巴甫洛夫 A 型条件作用和巴甫洛夫 B 型条件作用③。他认为巴甫洛夫 A 型条件作用和巴甫洛夫 B 型条件作用之间有很大的区别，这种区别对于已形成的条件反应是增强

---

① Pavlov I P. The scientific investigation of the psychical faculties or processes in the higher animals. Science，1906：613～619.

② Eysenck H J. The learning theory model of neurosis—A new approach. Behavior Research and Therapy，1976：251～267.

③ Grant D A. Classical and operant conditioning. In：Mepton AW. (ed.), Categories of human learning. New York：Academic press，1964：119～166.

还是消退具有重要意义。巴甫洛夫 A 型条件作用在教科书里经常见到。即把食物给饥饿的狗吃的同时或之前，呈现一个铃声，铃声和食物多次结合之后，即使不呈现食物，只有铃声，通过测量狗的唾液分泌情况发现，此时的狗也有大量的唾液分泌。曾纳（Zener）认为，在这种条件反应过程中，没有出现狗将注意朝向铃声，把铃声作为食物的现象发生①。狗的朝向和接近目标是寻找食物（无条件刺激）在什么位置，而不是寻找条件刺激（铃声）。也就是说，在这个过程中，条件刺激和无条件刺激之间是不能等同的，不能以条件刺激代替无条件刺激。就像巴甫洛夫所说，此时的条件刺激只是起着信号的作用，预示着食物将要出现。巴甫洛夫 B 型条件反应可以用下面的一个实验来说明。实验过程中，多次给一只实验的狗注射吗啡。在这一过程中，无条件反射包括狗表现出严重的恶心、丰富的唾液分泌、呕吐和深度睡眠。当连续几天对狗重复注射吗啡后，结果发现，每当狗看见实验者，还没有被注射吗啡时，狗就表现出恶心、丰富的唾液分泌②等行为。这两种类型条件反应之间的主要区别在于它们的驱动力、所形成的条件反应和无条件反应之间的相似程度等有所不同（见表 3-3）。

① Zener K. The significance of behaviour accompanying conditioned salivary secretion for theories of the conditioned response. American Journal of Psychology，1937：384～403.

② Pavlov I P.：Conditioned reflexes：an investigation of the physiological activity of the cerebral cortex. Oxford U. P.，Humphrey，1927：36～46.

表 3-3　巴甫洛夫 A 型条件反射和 B 型条件反射的区别

巴甫洛夫 A 型条件反射	巴甫洛夫 B 型条件反射
驱力（饥饿）不是无条件刺激（食物）。	驱力是无条件刺激（注射的吗啡）。
被试主动地寻求无条件刺激。	被试被动地接受无条件刺激。
条件刺激与无条件刺激不能替换。	条件刺激与无条件刺激可以替换。
条件反射和无条件反射不相同（上述实验中，条件反射是狗的唾液分泌量增大；无条件反射是狗接近和摄取食物。条件反射中，狗通过唾液分泌来抵制接近和摄取食物）。	条件反射和无条件反射相似或相同（条件反射和无条件反射都是狗表现出恶心、丰富的唾液分泌、呕吐等行为）。
只呈现条件刺激时，条件反射直接发生消退。	只呈现条件刺激时，刚开始，条件反射可能增强，随条件刺激呈现的时间延长，才会发生消退现象。

　　具体来说，两种类型之间的区别表现在：第一，驱力的不同。在 A 型条件反射中，除非有一个适当的驱动力，否则条件反射这种学习是不可能发生的。例如，A 型条件反射中的实验狗是在饥饿的驱动下，当看到食物（无条件刺激）时，导致唾液的分泌，并接近和摄取食物。假如实验中的狗不是非常地饥饿，那么食物和铃声可能对它没有什么作用。而在 B 型条件反射中，是无条件刺激（吗啡）本身提供了驱力或动机。在 A 型条件反射中，动物主动地寻求无条件刺激（食物），而在 B 型条件反射中，动物被动地接受无条件刺激（吗啡）。

　　第二，无条件反射和条件反射之间的关系不同。在 B 型条件反射形成中，完全是由无条件刺激引起无条件反射；

而在 A 型条件反射中，是动物本身的驱动力促使动物接近和摄取食物这一无条件反射，此时的无条件反射为接近和摄取食物这一行为。因此，在 B 型条件反射中，条件刺激可以完全或部分地代替无条件刺激，但是，在 A 型条件反射中，条件刺激和无条件刺激之间不能相互替换。在 A 型条件反射中，条件反射（唾液分泌）和无条件反射（接近和摄取食物）是不同的，狗通过唾液分泌（条件反射），来抵制接近和摄取食物（无条件反射）。但是，在 B 型条件反射中，无条件反射和条件反射之间是相似的或相同的，条件反射和无条件反射都是狗表现出恶心、丰富的唾液分泌、呕吐等行为[1]。

对于人类来说，艾森克认为，焦虑扮演着重要的驱力角色，这种焦虑是由无条件刺激引起，并不是在条件作用实验之前就有的。同时，无条件反射和条件反射是相似的，两者均包含焦虑或恐惧的反射[2]。因此，人类中的这种条件反射为 B 型条件反射。另有研究者认为，大多数内感受条件作用（interoceptive conditioning）和自主条件作用（autonomic conditioning）均属于 B 型条件作用的类型[3]。内感受条件作用这一术语由瑞恩（Razran）于 1961 年提

---

① Eysenck H J, Martin I. Theoretical foundation of behavior therapy. New York, Plenum Press, 1987: 15~20.

② Eysenck H J. Behavior therapy and the conditioning model of neurosis. International Journal of Psychology, 1981: 343~370.

③ Kalat J W, Rozin P. "You can lead a rat to poison but you can't make him think", In: Seligman M E, Hager J L. Eds., Biological boundaries of learning. New York: Appleton-Century-Crofts, 1973: 115 ~122.

出，是一种经典条件作用，指条件刺激，或者无条件刺激，或者条件刺激与无条件刺激均直接作用于个体内脏的黏膜上。瑞恩还划分了三种类型的内感受条件作用：外—内感受（外部的条件刺激和内部的无条件刺激）、内—外感受（内部的条件刺激和外部的无条件刺激）和内—内感受（内部的条件刺激和内部的无条件刺激）①。所谓自主条件作用是指个体借助正常的感觉通路或专门电子设备了解自身生理功能信息，学习改变内脏反应的方法。

艾森克认为，在 A 型条件反射中，我们说仅呈现条件刺激（CS-only presentation），而没有无条件刺激相伴随，相应地没有强化作用发生，这对实验者和被试来说，都是有意义的。因为在 A 型条件反射中，动物是在饥饿的驱动下，主动地寻求无条件刺激（食物）。是动物本身的驱动力促使动物接近和摄取食物这一无条件反射，此时的无条件反射为接近和摄取食物这一行为。没有出现狗将注意朝向铃声，把铃声作为食物的现象发生。狗的朝向和接近目标是寻找食物（无条件刺激）在什么位置，而不是寻找条件刺激（铃声）。也就是说，在这个过程中，条件刺激和无条件刺激之间是不能等同的，不能以条件刺激代替无条件刺激，就像巴甫洛夫所说，此时的条件刺激只是起着信号的作用，预示着食物将要出现。而且，在 A 型条件反射中，条件反射和无条件反射是不相同的。条件反射是狗的唾液

---

① Razran G. The observable unconscious and the inferable conscious in current Soviet psychophysiology: Interoceptive conditioning, semantic conditioning, and the orienting reflex. Psychological Review, 1961: 81~150.

分泌量增大；无条件反射是狗接近和摄取食物。条件反射中，狗通过唾液分泌来抵制接近和摄取食物。但是，在 B 型条件反射中，动物是被动地接受无条件刺激（吗啡），驱动力是由实验者通过对动物注射吗啡产生的，完全是由无条件刺激引起无条件反射。因此，仅呈现条件刺激时，我们就不能认为没有相应的强化作用发生。此时，条件刺激和无条件刺激是可以替换的，条件刺激具有无条件刺激的作用，条件反射和无条件反射是相同的。尽管实验者已经安排好了在条件刺激之后，不出现无条件刺激，但是，在某些情况下，条件刺激和无条件刺激具有相同的作用，已形成的条件反射本身就可能具有强化作用，它的效果和无条件反射是相同的。条件反射为条件刺激和条件反射之间的联结提供了强化，结果导致的不是条件反射的消退，而是条件反射的增强[1]。艾森克把这一增强现象称为潜伏期（incubation）。所以，在 B 型条件反射中，"仅呈现条件刺激"一词对于实验者来说，是有意义的，因为他控制着无条件刺激的呈现；但对于被试来说，是无意义的，因为条件刺激与无条件刺激可以相互替换，条件刺激具有与无条件刺激相同的功能。即使是仅呈现条件刺激，被试也会把条件刺激看成是无条件刺激。因此，一般的条件反射消退规律就不适用于 B 型条件反射。

艾森克运用了一个图形来说明条件反射形成潜伏期（条件反射增强）和消退的过程（见图 3-11）。在图中，纵坐标表示条件反射的强度，横坐标表示仅呈现条件刺激时，

---

[1]　Eysenck H J. Behavior therapy and the conditioning model of neurosis. International Journal of Psychology，1981：343～370.

条件刺激持续的时间。曲线 A 表示随条件刺激持续的时间增加，个体的恐惧或焦虑在逐渐下降，这一结果已经获得一些实验研究的证实①。在这一曲线上，有一个关键强度点，艾森克认为如果最初形成的条件反射强度大于关键强度（纵坐标关键强度点之上），仅呈现条件刺激，而且持续的时间小于关键时间点 A，结果就会产生潜伏期，此时条件反射是增强，而不是消退。如果仅持续呈现条件刺激给被实验者，以致条件刺激呈现的时间超过时间 A，那么就会发生条件反射消退的现象。所以，艾森克认为在治疗或实验中，条件刺激呈现的时间是决定已形成的条件反射是继续发生增加还是直接消退的关键因素。

如果条件刺激（没有相应的强化）呈现的时间很长，那么已形成的条件反射消退现象会增加。如果在以后的另一时间里，再次仅呈现条件刺激，曲线 A 就会变成曲线 B 的情况，此时关键持续时间就会减少，即在条件刺激呈现很短的时间后（见图中横坐标的 B 点），条件射应就会发生消退；假如以后再次呈现条件刺激，消退现象还会增加，那么曲线就会降到关键点以下，形成曲线 C。艾森克认为曲线 A 的情况，适用于满灌疗法（flooding），此时，最初的条件射应的强度大于关键强度；曲线 C 表示使用系统脱敏疗法时的情况，此时最初的条件射应强度小于关键强度②。

---

① Rachman S., Hodgson R.: Obsessions and compulsions. Englewood Cliffs, NJ: Prentice-Hall, 1980.

② Eysenck H J. Martin I. Theoretical foundation of behavior therapy. New York, Plenum Press, 1987: 19.

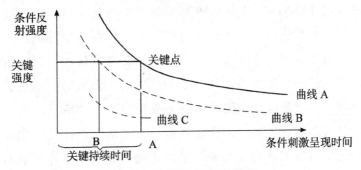

图 3-11 潜伏期对消退理论图

条件反射的强度不仅由无条件反射的强度决定，也受到情绪性/神经质、外向性等人格因素的影响[1]。对于同样的无条件刺激，高神经质、高情绪性的个体可能会有很强的体验，而其他人格类型的个体体验到的强度相对弱。条件反射的强度部分地依赖于个体的条件化能力（condition-ability），如个体在外向性这一连续体上的具体位置。最初形成的条件反射强度和仅呈现条件刺激的时间不是决定条件反射消退的唯一因素，人格因素在这个过程中也起着重要的作用。特质性焦虑可能是导致不同个体之间条件反射差异的人格因素之一。与特质焦虑水平低的个体相比，特质焦虑水平高的个体更有可能把情境知觉为危险的或具有威胁性的，这种倾向将会增加被夸大的无条件事件的影响[2]，特质焦虑水平高的个体在压力的情况下，表现出对

① Eysenck H J. Behavior therapy and the conditioning model of neurosis. International Journal of Psychology，1981：343～370.

② Eysenck M W. Anxiety：the cognitive perspective. Hillsdale：LEA，1992.

威胁的注意偏向①，从而更有可能形成条件反射。有研究表明，条件作用的潜伏期效应更可能发生在特质焦虑水平高（而不是低）的被试中②。另外，艾森克认为，如果最初形成的条件反射强度超过了关键强度，那么潜伏期就会出现，而且最终形成的条件反射强度将比最初所形成的无条件反射的强度更大。这在最初的巴甫洛夫条件反射实验中是没有被发现的，后来在动物实验，以及人类神经症的发展过程研究中被发现。

艾森克还从生理基础的角度对神经症的形成和消退进行了解释。他认为个体体内的神经激素对已形成的神经症是否能发生消退有很大的影响。由于不同个体在神经激素水平上存在差异，只有部分个体的神经症（例如恐惧症和抑郁症)，可以被治疗。艾森克还认为，不同个体在缩胺酸（如 ACTH）水平上的差异，使得产生恐惧心理的条件刺激痕迹（CSs）的强度可能增大也可能降低，ACTH 在形成潜伏期的现象中起着重要的作用③。

总的来说，艾森克认为：第一，可以肯定，学习理论、条件反射形成和消退的理论是神经症形成和治疗的基础；但是还不能肯定在某些特殊的情况下，其他的一些因素就

---

① Mogg K, Bradley B P, Hallowell N. Attentional bias to threat: roles of trait anxiety, stressful events, and awareness. The Quarterly Journal of Experimental Psychology，1994：841～864.

② Davey G C, Matchett G W. UCS rehearsal and the incubation and retention of differential "fear" conditioning: effects of worrying and trait anxiety. Journal of Abnormal Psychology，1993：708～718.

③ Eysenck H J, Martin I. Theoretical foundation of behavior therapy. New York，Plenum Press，1987：20.

是不重要的。这些因素对于正确地进行神经症治疗，可能起到帮助作用，也可能起到阻碍作用。但无论如何，在各种神经症的理论中，条件化理论是基础。第二，虽然不像还原主义者们所认为的，所有人类的行为都可以还原到低级动物的水平；但是可以肯定，某些类型的人类行为，特别是神经症行为，和动物所表现出来的行为非常相似。因此，通过动物实验所获得的条件化和学习规律，对于理解人类中神经症的形成过程，具有基础性的作用。第三，华生的神经症理论和赫尔的学习理论对于我们理解神经症的形成具有基础作用。这些理论对于我们用什么作为治疗神经症的基础的问题具有指导意义。第四，行为治疗比精神分析和安慰剂治疗更有效。能轻易而快速地形成条件反射的患者，将比形成条件反射较难且慢的人有着更好的治疗效果。

5. 社会态度与政治行为

政治常被解释为政府科学。就物理及化学成为科学的方式来看，很明显政治不是科学。不过，政治确实是有科学性的，原因在于，它适合并能运用像历史、社会学、人类学、心理学以及其他各种所谓的社会科学的学科所建立的原理。只要这些学科仍然停留在未成熟的科学化前期发展阶段，政治学本身也必须停滞于使人沮丧的地位，那就是对尚未存在的一种科学的运用[1]。艾森克在1954年出版《政治心理学》一书中，分别对投票、态度及社会阶层，民意测验，意见与态度的测量，社会态度的结构，态度、价

---

[1] ［英］艾森克著，马肇丽译. 政治心理学. 台北：黎明文化事业公司，1971：1.

值与兴趣的关系，意识形态与气质的关系，进攻性、支配性和严格性等进行了比较详细的研究，最后提出了一种政治行为的理论。艾森克在该书中谈到，他做的这些研究和所得结论，在任何意义上均无为政治党派或制度辩护的意图，这些研究的内容也不是为了讨好某一个党派或团体。研究的目的在于了解与解释，而不是劝诱或排斥政治行为。同时，所得结论也仅适用于当时的英国和美国，在时间上外推与在空间上外推都是不可取的。这种限制虽然使人感到遗憾，但是不可避免的。基于不充分的证据作广泛而不成熟的概括之论是预言家，而不是科学家的做法。

社会态度的界定

心理学家麦独孤（William McDougall，1871—1938）在其《社会心理学导论》（*An Introduction in Social Psychology*）一书中，对情操（sentiment）一词进行了解释，认为情操是一种有组织的情绪趋向系统，是某一对象的观念之决定中心，并强调在情操发展上学习的重要性。在发展过程中，一个人的所有情操均将趋向于将其本身置于一个构建的阶层系统之中，位于系统最顶端的是自尊情操。情操及其组织是人格的建材。综合的人格发展依赖于情操的一种和谐的系统的成长，这一系统就是阶层系统。在这一系统中，对具体性的对象所产生的情操功能受一般的、较抽象与理想的对象所产生的情操的调节与控制。艾森克认为，情操是内心的意动、情感和认知的一种组织，情操在某种程度上决定有机体的行为，具有动力性。情操是一种趋向，一旦引起后，便会在某一方式上表现出反射。情操是习得的，而不是天赋的。它与其他的情操相结合而形成一种重大的结构。同时，艾森克认为，情操这一概念仍然停留在理论阶段，不能在大规模的实验研究上找出实质性的证据。情操与麦独孤的本能主义的关系非常密切，而本能主义经过证明不能为后来的研究者所接受。但是，这一概念由于有其需要性而不能使人完全忘记，结果导致其意义被改变。情操仍被保留作为一种概念，但这一名词本身被废除，而由很多的其他名词来代替，在这些名词之中，最能获得认可并被普遍接受的是态度一词。情操与态度之间的区别是情操比态度存在时间更长，并且具有高度组织，态度的对象比情操的对象抽象。艾森克把情操作为个人的情操，而态度则指社会态度。就整体来说，个人情操比社会态度具有更高组织性，但社会态度比个人情操更抽象。艾森克依据奥尔波特对态度所进行的界定来使用态度一词。奥尔波特认为态度是一种心理与神经的准备状态，是依据经验而组织起来的。它对个人，对有关的一切事物与情境中所发生的反射具有指示性和动力性的影响。依据奥尔波特对态度所给的界定，艾森克认为社会态度很明显地是一种假设性的结构，或是一种介入变量（intervening variable），它是不能直接观察到的，而必须从可直接观察的其他事项中演绎出来。因此，它的地位和物理界的电子、质子和中子，及心理学上的驱动力与习惯等概念相同。除非对推论建有明确的限度，否则，此类概念是极度危险的。因此，必须了解在什么情况下此类概念开始能为科学所接受。心理学家赫尔曾建立了一种简明的可为科学接受的原理。赫尔认为，虽然在科学理论上，逻辑上的结构或介入变量具有很大价值，但在使用上具有一定程度的困难，甚至具有危险性。从本质上来讲，是因为这类假设因素的出现与数量必须由间接的方法决定。可是一旦对假设的实体数量与可直接观察的某一决定性前因（A）间所存在的动力关系，以及假设的实体与可以观察的后续现象或结果事件（B）间的动力关系已相当了解时，则科学危险性将大部分消除（见图 3-12）①。

$$A \longrightarrow f \longrightarrow (X) \longrightarrow f \longrightarrow B$$

图 3-12　一个不能直接观察的介入变量（X），但在函数上与前驱事状（A）及后续事状（B）有连带关系（f），（A）和（B）均可直接观察，当一个介入变量对两旁的可观察事状保持固定，则一介入变量可安全地被用于科学理论上。

艾森克根据以上对社会态度的理解，在英国进行了大量的研究，分别考察了社会态度的前驱状况，如收入、年龄、人格、教育；社会态度，如保守主义、激进主义等；以及后续行为，如投票等之间的函数关系。艾森克认为，社会态度取决于一个人的客观的社会地位，个体自己对其所属社会阶级的看法，受教育的程度，宗教信仰和他的年龄等因素。艾森克在研究社会态度时，把社会阶级定义为一种完全主观的事物，是个人对其本身在社会阶级体系中的地位所抱的信念。而社会地位是一种完全客观的事物，是由某项外在标准而决定的个人在社会阶级体系中所处相对地位，如收入、教育程度和工作种类等。阶级与地位可能一致，也可能不一致。如果把这些因素综合起来进行考虑，注意它们之间的相互关系后，就可以采用投票行为来

---

① ［英］艾森克著，马肇丽译．政治心理学．台北：黎明文化事业公司，1971：5～9.

测量一个人是保守主义的还是激进主义态度的。这些因素对个体态度的影响程度达到 70%①。

社会态度的结构

艾森克采用阶层的方式对社会态度进行解释。他认为可以将社会态度划分为四种不同程度的组织或结构。位于最低层的，是与其他意见不相关联的，不能表现持该意见者任何特质，并且不能重复出现的意见。在不同的状况下询问相同或相似的问题时，所获得的答案可能不同。这种纯粹暂时性的意见并无大的价值或值得人们注意，这种意见并无进一步研究的意义，它丝毫不能表现出持有者的人格及思想。这一层被称为特定意见层。较高一层的意见是可以重复出现的，并形成个体的人格中相对持久的一部分。这种意见在各种不同的情境中，均作出相同或相似的表现，不像位于最低层的意见那样会发生突然的、无目的的变化。这种意见是稳定的，所以是可靠的。这一层被称为习惯性意见层。位于更高一层的，艾森克把它称为态度层。在这一阶层，一个人不仅对某一特殊问题持有具某种程度的、稳定性的特定意见，而且对该问题同时抱有很多其他的意见，所有这些意见合并起来才能说明他对该问题的态度。在这一阶层，首次出现结构的特征。意见不会在孤立的情况下产生，而是与对同一问题的其他意见相互关联，因而产生态度层。但是，即使是这种态度，也不是孤立的。态度本身也是相互关联的并产生更高的一个阶层，艾森克称之为

---

① ［英］艾森克著，马肇丽译．政治心理学．台北：黎明文化事业公司，1971：11～19.

高级态度或意识形态（ideologies）（见图 3-13）①。

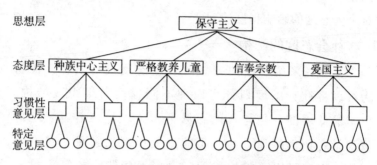

图 3-13　意见、态度与意识形态三者间关系

　　艾森克在提出社会态度的阶层结构模型的同时，还重点对社会态度的维度分别采用自上而下和自下而上的方法，从理论和实证两个方面进行了研究。艾森克认为，社会态度这一心理特征具有两个因素或两个维度。第一个因素，在各方面均显现出与保守思想有很大的相似性，而与激进思想相反。在该因素保守的一端表现为赞同爱国主义、死刑、教会、严惩罪犯、相信战争不可避免，以及上帝是真实的等态度。在该因素的另一端，则表现为很多激进的信念，如赞成共产主义、节育、离婚程序的改进、性的自由，以及相信人类的演化等。第二个因素的一端表现为现实的、唯物主义的，以及外倾的特点，这种类型的人藉力量或操纵来适应周围的环境。第二个因素的另一端表现为有理论的、观念的，及内倾的特点，他们藉思考或信仰来处理问题。艾森克认为，描述这一因素的最佳途径是借助现实与理论的二分法来进行说明，这一因素也似乎与气质上的因

　　① ［英］艾森克著，马肇丽译．政治心理学．台北：黎明文化事业公司，1971：125.

素有密切关联。现实性态度是詹姆斯所称的心地倔强的（Tough-minded）、外倾的人的态度，理论性态度是心地柔和的（Tender-minded）、内倾的人的态度。

艾森克除从理论的层面对社会态度的结构进行分析外，还通过问卷调查的方法，编制社会态度调查表来考察态度的维度。通过对问卷的项目间关系分析，艾森克发现有两个主要的因素。其中一个因素的一端表现为，认为私有财产、死刑应予废除，犹太人是有价值的公民，离婚法应予修改，应放弃部分主权，应废止堕胎法，对罪犯应予以救治而非惩罚，法律是保护富有人的，以及爱国主义是阻碍和平的力量。在这一因素的另一端，表现为以下一些信念，国有化是无效果的，主张强迫性的宗教教育，应返回宗教，鞭笞应保留作为一种制裁手段，好战是人类的天性，拒绝服兵役是叛国者，节育应视作非法，有色人种是劣等民族等等。这一因素与艾森克从理论层面进行分析所得的第一因素非常相似。艾森克把这一因素解释为一种保守思想对激进思想的因素，并称此因素为激进主义因素，或 R 因素。至于第二个因素，一端表现为主张应返回宗教，节育应视为非法，双重的道德标准是不应有的，宗教教育应强迫性实施，我们的困扰是由于道德上的原因，应放弃我们的主权，废除死刑，以及对于罪犯应力图救治而非惩罚。另一端则表现为赞同友爱婚姻，应修改现实的离婚法和堕胎法律，犹太人的权力过大，人类生性好战，应强迫性的施行不生育手术，妇女及有色人种是次等的人类等等。这一因素与艾森克从理论分析上所获得的理论与现实性因素十分相像。艾森克认为对这一因素较佳的称谓是取自詹姆斯一书中所用的一组名词，即心地柔和性对心地倔强性，

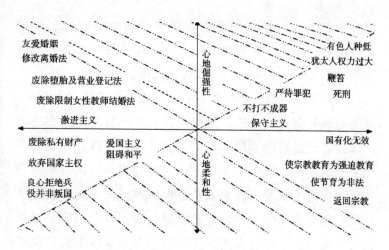

图 3-14　在心地倔强性与激进主义关系上态度分布情况

或为 T 因素（见图 3-14）①。詹姆斯把导致相对的哲学信念的两种相反气质，分别称为心地柔和与心地倔强的。詹姆斯认为哲学体系常受到该体系的创始人的气质的影响或取决于该气质。个体气质上的不同，表现在文学、艺术、作风，以及哲学上的不同。在作风上，有形式主义者与不拘小节的人；在政府组成上，有独裁主义者与无政府主义者，等等。詹姆斯将这些特征分为两类，并赋予心地柔和与心地倔强两个称谓。心地柔和的人表现为理性论的（一切基于原则）、主知论的、唯心论的、乐观论的、宗教的、自由意志论的、一元论的和教条论的等；心地倔强的人表现为实验论的（一切基于事实）、感觉论的、唯物论的、悲观论的、无宗教的、宿命论的、多元论的、怀疑论的等。心地倔强的人认为心地柔和的人是感伤主义者和意志薄弱者。

① ［英］艾森克著，马肇丽译. 政治心理学. 台北：黎明文化事业公司，1971：133～150.

在图中文字（图内标注）：
友爱婚姻 修改离婚法 废除堕胎及营业登记法 废除限制女性教师结婚法 激进主义 废除私有财产 放弃国家主权 良心拒绝兵役并非叛国 爱国主义阻碍和平 心地倔强性 心地柔和性 严待罪犯 不打不成器 保守主义 有色人种低 犹太人权力过大 鞭笞 死刑 国有化无效 使宗教教育为强迫教育 使节育为非法 返回宗教

侧边竖排：世界著名心理学家 艾森克

心地柔和的人则认为心地倔强的人是粗鲁的、无情的或野蛮的。心地柔和者的意见受伦理的、道德的、超自我的和利他的价值支配，而心地倔强的意见则受现实的、世俗的、利己的价值支配。

同时，艾森克还谈到，在社会态度领域中，事实上只有一种意识形态的因素，就是激进主义对保守主义因素。T因素本身并不构成另一种意识性的体系，而是一组人格变量在社会态度方面的投射。所有的人均基于社会态度，沿着激进主义与保守主义的连续体而分布。表现这些社会态度的方式怀有这些观点的人的气质特性而决定。心地倔强是外倾的人格类型在社会态度方面的投射，心地柔和是内倾的人格类型在社会态度方面的投射。当然，艾森克也认为，这只是一般的趋向。很少有人会明显地表现出具有所有这些品质，趋向或特色。至于表现出这种情况的原因，不同的心理学研究者给予了不同的解释。一些环境决定论取向的学者认为，决定社会态度的影响力是由于在后期的生活中，或在早期发展阶段中的社会学习而导致的。如克洛特（Krout）等研究发现，抱激进态度的人较控制组的人更怀有受父母排斥的感觉，并且在童年中也多遭受不愉快的事情。激进分子与父母间关系不如控制组中的人的让人满意，个人的工作情绪（自我满足感）也较低。另有以男性大学生为被试进行的研究也表明，具有良好家庭道德教育的人较为保守，较具有国家主义思想，及较具有攻击性。对父母抱较强反抗态度的人均抱较多的自由主义与国际主义思想，并且比对父母反抗性小的人更具有攻击性。艾森克认为，心地柔和的父母所采取的教养儿童的方式与心地倔强的父母不同，激进主义的父母所采取的教养方式与保守主义的父母不同，儿童的社会态度趋向与其父母的社会态度一致。外倾的父母表现出心地倔强的社会态度，心地倔强的社会态度导致独裁化的儿童教养方式，并且儿童也接受外倾人格模式的遗传。这一模式转而促使儿童采取心地倔强的独裁式社会态度。儿童的教养方式与儿童的社会态度之间具有相关性，但这种相关性不能看为直接的因果关系①。

政治行为的形成

　　心理学家霍尔认为，习惯形成的过程包括对一系列的情形作心理上的综合，而每一种情况的产生均是源自与某一强化作用密切相关的感受器和效应器之间的连接。习惯力不能通过直接的观察加以决定，因为，作为一个组织的习惯力是隐藏在神经系统的复杂结构中，大部分均无法获知。也就是说，一种感受器与效应器连接的力量，只有利用间接的方式才能决定（即才能加以观察与测量）。这种与习惯有关的可观察的现象有两组：导致习惯形成的前躯状况；行为，也就是持续存在于有机体中的前躯状况的结果。艾森克认为，社会态度概念在每一个细小的方面均与习惯概念相符，这两个概念均表现出以下的一些特点：社会态度与习惯两者均是已学习到的感受器和效应器之间的连接；社会态度与习惯两者均是不能直接观察的动作趋向；社会态度与习惯两者均是假设的结构，需要与前躯状况及后续行为相关联才能加以测量；社会态度与习惯两者均是指有机体因强化作用而产生的持续状态，这种持续状态是产生

---

　　① ［英］艾森克著，马肇丽译．政治心理学．台北：黎明文化事业公司，1971：195～227.

所欲调查的某种动作的必要条件，但并不是充分条件。

虽然习惯与社会态度两者在以上方面具有一致性，但是，在平常的使用中，仍不易于将这两个名词相互通用。习惯这个名词一般是指一种惯用的动作方式，而不是产生此一动作的有机体的假设状态。例如，说一个人有抓头的习惯，是指所观察到的这个人沉浸于这种动作方式的现象，而不是指决定他的这一动作的心理与生理上的基础。为了避免这种语意上所发生的困扰，霍尔曾使用$_sH_R$来指习惯这一概念，即使用刺激与反应两个单词的第一个字母与假设的结构习惯连在一起。艾森克认为，从这一层意义上来看，社会态度只是一种特殊的$_sH_R$，可以利用学习理论的知识对各种社会态度的行为作对应的预测。在学习理论中，有泛化的概念。例如，一只狗对某一特定的刺激形成条件反射后，后来会对相类似的但不同的刺激也做出相同的条件反射。这只狗并非受一种特殊刺激的制约，而是受一个类型刺激的制约。同样的，一只被制约而使用左爪压动跳板以获得食物的老鼠，也会使用右爪或头部来压动跳板以获得食物，受到制约的并不只是一种反应，而是一类反应。这种现象被分别称为刺激类化与反应类化。如果没有这种类化，几乎不可能有学习现象发生，因为世界上不可能有多个完全一模一样的制约刺激，并且完全一模一样的制约反应也不可能足以获得奖励。基于这种类化的概念，艾森克认为原来欲借以传达某种反应而建立的一种社会态度，有时也会传达很多不同种类的反应。社会态度在反应方面已极为类化，并决定心理机能的绝大部分。仅依据言词与行动来谈论社会态度可能会导致极大的错误发生。

霍尔曾采用一种函数的形式来表达行为潜能、习惯力和驱动力之间的关系。公式中 D 表示驱动力，是指所有主要动机的总名称。$_sE_R$ 代表行为潜能，或反应潜力，是指一种确定的行为发生的可能性。

$$_sE_R = _sH_R \times D$$

艾森克依据霍尔所提出的行为潜能与习惯力、驱力之间的关系观点，认为那些坚信行动比较重要而倾向于接受社会态度量表的人所持的观点是非常肤浅的。持这种观点的人是误解了整个问题。社会态度是一种假设的结构，是不能观察的，只能暗示出来。这种暗示经常带有冒险性，必须做详细的分析。假若我们想测量社会态度（$_sH_R$），我们必须利用间接的方法，先测量某种形式的外在反应。这种外在的反应不可避免地要受到动机条件（D）的影响。在从事任何有用的测量之前，必须对这些情况有所了解。在任何研究中所选择的反应方式，依据当时所能获得的引起动机的条件而定。一种形式的反应并非比另一种形式好，仅仅是不相同而已，相互间没有好坏之分。我们很难基于一组反应而对另一组反应加以论证，尤其是当动机的条件变化无常时更是如此。假如我们的兴趣在于研究政治行为，仅仅对社会态度加以研究是不够的。我们同时还必须研究在任一特定情境中发生作用的驱动力。只有对这两种因素一起加以研究，我们才可能预测出人们在任一情境中将说些什么和做些什么。对于导致 $_sE_R$ 的有关 D 及 $_sH_R$ 两者具有适当的了解是研究政治行为不可缺少的准备工作[1]。

艾森克认为，导致人们产生激进或保守思想的社会态

---

[1] ［英］艾森克著，马肇丽译. 政治心理学. 台北：黎明文化事业公司，1971：283.

度是习得的。激进主义或保守主义社会态度主要是依据一套明确的奖励体系所形成的，也就是说，符合快乐原则而形成的。在我们的社会中，个人趋向于支持那些自己可自其中获到明确利益的党派。在此原则上，以 $_sE_R$ 来解释政治行为而作为 $_sH_R$ 及 D 的乘积函数，足以解释激进主义与保守主义团体的社会态度。

艾森克认为，对心地倔强和心地柔和社会态度的分析，应依赖于不同的实验研究。社会化发生的速度与整个条件反应的过程是否成功依赖于两个因素。第一个因素是社会利用父母、老师等所加诸到个体的条件量。第二个因素为个人的条件化能力，就是个人形成所要求的条件反射的速度。不同个体在习得条件反射的速度，以及接受条件反射的速度上是相当不同的。社会化与心地柔和性有密切的关系。心地倔强所具有的社会态度，主要是有关攻击性冲动（战争、迫害、绞刑和鞭笞等），性冲动（节育、离婚方便和堕胎等）的满足。另一方面，心地柔和的社会态度则表现为有关伦理与宗教观念，这些观点恰是上述心地倔强观点的障碍。基于这些观点，艾森克认为，低度社会化的劳工阶级的心地比较倔强，而过度社会化的中等阶级的心地比较柔和。同时，假如由社会所提供的社会化分量相等，那么一个显示高度条件化能力（即能迅速而容易地发展条件反应）的人，将会过度社会化；一个发展条件化反应缓慢并存在困难的人，将会趋向于低社会化。内倾的人会迅速而稳定的形成条件反射，而外倾的人则是缓慢地，且极困难地接受条件反射。如果外倾的人与内倾的人从社会中所接受的社会化压力的程度相同，内倾的人会过度社会化，而外倾的人则低度社会化。由于社会化可以在很大程度上与心地柔和性等同看待，因此，外倾的人是心地倔强的，而内倾的人则是心地柔和的。

总的来说，艾森克认为，一切的社会与政治行为均是经过社会态度来表达的。因此，有关社会态度的性质、发展与改变的研究，对于发展出一种科学的政治心理学极为重要。社会态度在很多方面均与习惯极为相似。社会态度与习惯两者均是中枢神经系统所习得的改变，并且两者均为不能直接观察的动作倾向。这两种概念均是假设的结构，需要与前驱状况及后续行为相关联才能进行测量。两者均为有机体的持续存在的状态，这种状态对任何形式的动作的激发是必需的，但不是充分的条件。社会态度具有相当程度的组织或结构。一个抱有某种社会态度的人也会带有其他社会态度的成分。这些成分可利用相关系数以数学的方式表现出来。当将这些实验上决定的相关系数作进一步分析后，会得出两个主要决定因素。这两个因素分别为激进主义与保守主义连续体（R因素），另一个因素与这一个因素没有关联，被称为心地柔和对心地倔强性因素（T因素）。这两个因素，足可以说明在英国、美国、瑞典、德国，以及其他具有相似形式的社会组织国家中，所观察到的极大部分社会态度间的关系。虽然从实验分析中显示出，R因素确实可以称为社会态度的一个主要因素，但是，T因素的性质与R因素完全不同。T因素显现出的乃是对某些基本人格品质在社会态度方面的一种投射。虽然，内外倾与心地柔和与心地倔强之间的关系可以看为一种经过证实的事实。但在外倾与内倾所表示的若干特征之中，某些特征似乎较其他特征更能分别表现心地倔强和心地柔和的人的特征，最为典型的为攻击性和支配性特质。心地倔强性具有明显的趋势与攻击性和支配性两者有关，但还没有得到实证的支持。由于社会态度是习得的趋向，并且与习惯极为相像，因此可以将学习的理论应用于社会态度方面。既不是言词，也不是动作能不变地正确反映一个人的社会态度。无论是言词的，还是行动的，均需要某一特殊驱力的作用。学习从狭义的角度来讲，是指经由赏罚的影响而产生的行为改变，大部分与随意反应的习得有关，主要是来自于快乐主义的学习理论。激进主义与保守主义社会态度的形成是就通过这一方式形成的。制约是指经由联想或接近的影响而发生行为的改变，大部分与非随意的及情绪反应的习得有关，主要是获自观念联想的学习理论（实用原则）。心地倔强性与心地柔和性社会态度的形成主要是通过这一种方式。

6. 超心理学的研究

超心理学（parapsychology）是一门研究所有超常现象，即用现代科学知识所无法解释的生物体现象的学科。这类超常现象，通常被称为"特异功能"。超心理学的主要特点是认为人类具有一种潜在的能力，这种潜在的能力使人可以不通过普通的感觉渠道而感知世界。超心理学的研究对象一般有两类：一类是所谓"超感知能力"，即可以不经过普通人的正常感觉系统就能感知事物的能力；另一类是所谓"意念致动能力"，即可以利用意念改变物体状态和人的行为的能力[1]。很多不了解超个人心理学（transpersonal psychology）和超心理学之间区别的人，常常把超个人心理学和超心理学相混淆，认为它们所说的是同一事情。

---

① 王六二. 近现代神秘主义研究. 北京：世界宗教研究，2001：14～15.

其实，超心理学不是超个人心理学，它们之间虽然有一些联系，但区别更大。号称心理学第四大势力的超个人心理学是指将人看成身体、心理、精神的统一体，即身、心、灵的统一体。超个人心理学关心的是终极的人类能力和潜能；而超心理学研究的是超感知觉等特异心理功能，所以超心理学充其量只是超个人心理学中一个不重要的研究领域。当然，超个人心理学和超心理学也不是完全没有联系，在某种维度上，他们的研究对象之间可能会有联系①。

艾森克在其晚年开始对超心理学感兴趣，并做了一些具体的研究。艾森克认为他在超心理学领域的贡献是适度的。他撰写了一本关于超心理学的书——《解释不能解释的现象》（*Explaining the Unexplained*，1982）。艾森克还出版了一本著作——《知道你自己心灵学上的商数》（*Know Your Own PSI-Q*，1983）。在这本书里，他介绍了很多如何测量一个人在超心理学方面能力的方法。他通过大量的实验研究，提出了一种超心理学的理论。他认为，假如超心理能力存在，那么它们是原始的；假如它们是真实的，那么大脑新皮质的活动倾向于抑制它们。他认为外向的人比内向的人更能表现出超心理学的现象，因为外向的人大脑皮质唤醒水平比内向的人低，大脑皮质活动的水平也更低，而超心理学的现象在低唤醒水平的状态下发生的频率更高②。艾森克认为有些现象（如超心理现象）是

① 郭永玉. 精神的追寻——超个人心理学及其治疗理论研究. 武汉：华中师范大学出版社，2002：25～31.

② Eysenck H J. Rebel with a cause：the autobiography of Hans Eysenck. Transaction Publishers，Rutgers—The state University，New Brunswick，New Jersey，1996：237.

不能用传统的科学方法来解释的，这些现象的研究方法和统计方法在一定程度上与传统的研究方法有所不同。由于计算机在实验和分析数据中的使用，人在其中的参与越来越少甚至完全不参与，使得有利于超感知觉的结果变得不能使用。所以在研究超心理现象时，一般应该对正在使用的所有题目进行标记，并使用摄像机把整个过程记录下来，以便将可能忽略的被试的所有行为细节都记录下来，提供给研究者进行研究。

艾森克对占星术也作了一些研究。一些占星术家认为宇宙里有黄道十二宫（sign of Zodiac），黄道十二宫开始于白羊星座，它按奇数、偶数的顺序交替变化。奇数宫代表男子气、对人友好等，而偶数宫代表女子气的、自我压抑和消极的。这也就是说出生在奇数宫的人具有外向性的气质，而出生在偶数宫的人具有内向性的气质。艾森克等通过问卷调查研究，结果发现内外向和占星术家的预测非常一致[①]。艾森克认为，个体出生时的人格特质与当时行星在某一位置的运动相关。他认为木星和火星在某一位置活动与演员、政治家及军事家等的出生相关，并与人格维度上的外向相连；而土星运动到另一位置时，产生的杰出人物在人格特质上表现为内向性。当金星和火星运动到另一特定的位置时，出生的个体在精神质维度上的得分很高，而土星运行到某一特定的位置时，所出生的个体在精神质

① Eysenck H J. Rebel with a cause: the autobiography of Hans Eysenck. Transaction Publishers, Rutgers—The state University, New Brunswick, New Jersey, 1996: 240.

维度上得分很低①。艾森克和其妻子曾分别对欧洲和美国很多个体出生的资料进行了研究，以证实自己的观点。艾森克还认为假如父母出生时是某一行星在某一区域积极活动的时候，那么他们的孩子出生的时间，也是那颗相同的行星在同样的区域积极活动的时候，这种情况发生的可能性非常大。

---

① Eysenck H J. Rebel with a cause: the autobiography of Hans Eysenck. Transaction Publishers, Rutgers—The state University, New Brunswick, New Jersey, 1996: 251.

第四章　理论的应用与实践

艾森克提出人格的"大三"理论后，引起了世界范围内很多心理学者进行相关的研究。艾森克对人格的描述，几十年来都在影响着人格模式的研究①。艾森克把自己的人格理论广泛地用于性、爱、婚姻、艺术、运动、学习、认知、智力、教育、政治行为、气质、情绪、犯罪和暴力、商业、工作和休闲等问题上。在 1998 年的社会科学引文索引（SSCI）中，艾森克的文献被引用的次数为 784 次。罗斯唐（Rushton）通过对这一引用结果进行分析发现，32％是引用他的人格问卷，27％是引用他的《人格和个体差异》一书中的一般理论，还有 13％是把他的理论应用到一些特殊的问题上，例如性、政治、犯罪以及天才等等②。

一、艾森克理论的应用

1. 人格与学习

外向与内向的人在学习后的记忆效果上存在差异。艾森克认为，外向的人（低觉醒、巩固浅）在学习后短时间

---

① ［美］杰瑞·伯格著，陈会昌等译. 人格心理学（第六版）. 北京：中国轻工业出版社，2004：171.

② Rushton J P. A scientometric appreciation of H. J. Eysenck's contributions to psychology. Personality and Individual Difference，2001：31.

内，会记得比内向的人（高觉醒、巩固深）好，因为内向的人仍在忙着巩固，没有时间去记忆新的材料。相反地，经过长时间之后，外向的人记忆成绩就显得比内向的人差。因为内向的人巩固深，记忆的时间就长。艾森克曾进行一项实验验证了这一结论。实验中，让外向和内向的人去记忆一组成对的无意义的音节，如 SIP-WOL、VIL-MUF 等，让他们反复练习，一直到记住为止。然后进行记忆成绩测验，有些被试隔一分钟就接受测查；有些隔五分钟；有些隔三十分钟；另有一些则甚至隔二十四小时才接受测验一次。同时，在其他人等待的空当，给予他们其他的任务，以免他们进行复习。假如在不同的时间测验不同的内外向群体，结果发现他们的分数差异成十字交叉的形式。起初是外向的人占优势，最后则是内向的人占优势，在中间时间两者则出现交叉现象。这一结果也给我们一种启示，如果在实验研究中忽视人格因素影响的重要性，可能会得出错误的结果。所以艾森克强调，要认识到人格的重要性，并把它定为一切心理研究的中心①。

内向和外向者在学习社会规则上也有差异，而且这种差异主要是由遗传决定的。具体表现为内向的人比外向的人学得更快、更有效，艾森克用唤醒理论来解释这一现象。他认为内向的人皮质唤醒水平高，所以学得更快②。由于外向者学习社会规则较困难，他们有低社会化（underso-

---

① ［英］艾森克著，张康乐译．心理学与现代社会．台北：桂冠图书股份有限公司，1992：36～38.

② Eysenck H J, Eysenck M W. Personality and individual differences: A natural science approach. New York: Plenum, 1985: 241.

cialized）倾向，而极度内向者则有过度社会化（oversocialized）倾向。所以，内向者比外向者更成熟。内向者能在更小的年龄就学会按社会要求行事；而外向者在学会正确行为之前要经历较多的撒谎、偷窃或其他行为而招致惩罚。外向者学会正确行为的年龄一般要大一些①。在犯罪问题上，艾森克认为，由于外向的人比内向的人更难以形成条件反射，所以外向的人较少压抑反社会的行为，从而更容易犯罪。而内向的人由于容易形成条件反射，因此，已经形成的因犯罪而受到惩罚的意识，使他们一想到违反社会规则就会被犯罪感或焦虑所折磨，因而不易犯罪。外向神经质者很容易犯罪，因为神经质倾向焦虑，而焦虑驱使人习得反社会行为。另外，艾森克还认为精神质与反社会和犯罪行为具有直接联系②。

内向的人比外向的人更容易形成条件反射。内向的人在形成条件反射时比外向的人更快、更强。当环境不利条件反射的形成时，即当刺激强度很弱，或刺激之间的时间间隔相当短时（如300毫秒），这一情况更明显。而当刺激强，时间间隔长时，情况刚好相反。由刺激造成的觉醒太过强烈，再加上内向者原本既有的高度觉醒，就会把他推到超出一定的觉醒度的状态。由于内向的人较易产生条件反应，他们也就更容易形成神经症，原因在于神经症可以看成是一种条件化（conditonability）的情绪反应。外向的

---

① 黄希庭. 人格心理学. 杭州：浙江教育出版社，2002：221.

② Eysenck H J. Eysenck M W. Personality and individual differences：A natural science approach. New York：Plenum，1985：330～332.

人不易形成迅速而强烈的条件反射，他们的道德良心发展就比较慢。艾森克认为所谓良心（conscience）是指一个人在幼年期或青少年期的某一种行为被标为"做错"或"顽皮"时的条件性焦虑反应。高情绪化的内向者易于形成神经症，而高情绪化的外向者则有变成罪犯的倾向。内向的人感官敏感度比外向者低，在高觉醒的状态下，比低觉醒时更易看见微弱的光线、听到微弱的声音或是感觉到轻微的碰触。内向型的人对感官剥夺的容忍度比较高，而外向型的人对痛苦的容忍度较高。对内向的人来说，轻微的刺激还在他们的感觉阈限之上，所以他们还能有所感觉，但对外向的人来说，这种在他们的感觉阈限之下，所以没有感觉。强烈的刺激超过内向性的感觉阈限很多，因此会造成痛苦，但对于外向的人来说，这一感觉仅仅在他们的感觉阈限之上一点点，还不至于构成痛苦。对外向的人来说，刺激的容忍极限在靠向强烈刺激的那一端，内向型的人则靠近微弱刺激的那一端。由于行为经常都会导向那个容忍度，所以外向型人的行为就会表现出比较喜欢追求强烈刺激，内向型的人则较喜欢寻求微弱刺激。在对外向和内向的人进行某项实验时，分别把他们关在一个黑暗的房间里面，让他们转动附上发条的钥匙，如果越转越用力，便会产生强烈的声光舞影，只要他们继续用力转动，声光舞影就会继续保持，否则就会消失。此时，我们可想而知，外向型的人往往越来越用力，内向的人刚好相反。原因在于外向性的人喜欢强烈刺激，内向的人喜欢微弱的刺激。这也暗示了具有犯罪倾向的外向性人为什么偏爱城市中的声色犬马之体验，不仅是因为这些事物的诱惑力较强，也因为外向的人本身抵抗诱惑的良心较弱。所以说在内向性的人不会摔跤的地方，外向性的人却摔跤了。另外外向性的人比内向性的人更易变。外向的人经常搬家、换工作，对品牌的忠诚度较低，也较经常更换性伴侣，原因在于他们微弱的觉醒无法有效压抑制性反射的发生，于是平凡变得不能忍受，他们必须得寻求新的、强烈的刺激①。

2. 人格与主观幸福感

幸福（well-being）是一个古老而永恒的话题，也是一个多学科的研究主题。心理学对幸福的研究主要集中在幸福感方面，存在主观幸福感（subjective well-being，SWB）和心理幸福感（psychological well-being，PWB）两大取向。主观幸福感是指个人根据自定的标准对其生活质量进行整体性评估而产生的体验。它主要由情感和认知两种基本成分构成，其中情感成分包括积极情感和消极情感两个相对独立的维度，认知成分则指个体对自己生活满意程度的评价②。而心理幸福感则强调人的潜能实现与人格发展，主要包括自我接受、个人成长、生活目的、良好关系、情景控制、自主六种因素③。

许多研究者对人格的外向性、情绪稳定性与主观幸福感的相关关系进行了研究。研究者都一致认为，外向性和情绪稳定性提供了人格与主观幸福感关系的主要联系。许多研究也证明，外向性与积极情感和生活满意度有高度正

---

① ［英］艾森克著，张康乐译. 心理学与现代社会. 台北：桂冠图书股份有限公司，1992：41～45.

② Diener E，Suh E，Oishi S. Recent studies on subjective well-being. Indian Journal of Clinical Psychology，1998：25～41.

③ Ruff C D，Keyes L M. The structure of psychological well-being revisited. Journal of Personality and Social Psychology，1995：494～508.

相关性，情绪稳定性与消极情感呈高度负相关性。多种测量方法的统计结果表明，外向性与积极情感之间的相关系数通常高达 0.80；神经质性与消极情感也存在着类似的高相关性[①]。

至于外向性和情绪稳定性对于主观幸福感的相对重要性这一问题，近年来随着跨文化研究的出现而出现了分歧。早期的研究多认为，与情绪稳定性相比，外向性对主观幸福感变异的贡献更大。但目前越来越多的研究发现，神经质性与主观幸福感的关系比外向性与主观幸福感的关系更为密切，而且可以单独解释的更多主观幸福感的变异。此外，跨文化比较发现，与个体主义（individualism）文化相比，在集体主义（collectivism）文化下，外向性与主观幸福感联系的密切程度相对偏低[②]。据此，威特所（Vitterso）提出，情绪稳定性而非外向性是主观幸福感更有力的预测源，但认为这一结果只是文化规范和价值观的产物。

为解释人格与主观幸福感的关系，研究者还提出了许多理论和假设。自上而下的理论认为，个体有以积极的方式体验生活的性格倾向。记忆网络研究的结果表明，个体具有积极或消极的记忆网络，使得个体以积极或消极的方式对事件做出反应。基于格雷的人格理论，有人假设，情

---

① Diener E，Lucas R E，Oishi. Subjective well-being：The science of happiness and life satisfaction. In：Snyder C R，Lopez S J，Eds. . Handbook of Positive Psychology. New York：Oxford University Press，2002：63～67.

② Vitterso J. Personality traits and subjective well-being：Emotion stability，not extraversion，is probably the important predictor. Personality and Individual Differences，2001：903～914.

绪稳定性和外向性影响着个体对奖惩信号的敏感性，分别对消极情感和积极情感有着较高的气质易感性，而对个体的主观幸福感起着气质性作用①。但也有研究者提出了相反的解释，即个体对奖惩刺激的敏感性，以不同的情感形式表现出来，影响着个体对奖惩信号的反应，使得个体表现出了稳定的行为模式即人格②。

3. 人格与性

以科学的方式对性加以研究，还是近二三十年的事情。而把性与人格结合起来进行探讨与著述的做法，更显得凤毛麟角。艾森克认为，内外向性对于一个人在性生活上的偏好方式以及性满足等等，均有着相当的、具有决定性的作用。曾有德国的学者纪士（Hans Giese）和须米德（Günter Schmidt）对德国的大学生进行了一项大规模的调查研究，大约有 6000 名学生接受了问卷调查。调查结果表明，高神经质的学生比低神经质的学生手淫的几率更大，也开始得更早。高神经质的学生通常自认为性欲较强，往往有性生活的渴望。高神经质得分的女生较少从性生活中获得高潮，越是高神经质者，越少有高潮。外向者较少手淫，但较早开始有爱抚的行为，且较为热衷于此。外向者也比内向者较早开始体验性生活，同时

---

① DeNeve K M., Cooper H. The happy personality: A meta-analysis of 137 personality traits and subjective well-being. Psychological Bulletion, 1998: 197～229.

② Diener E., Oishi S., Lucas R E.: Personality, culture, and subjective well-being: Emotional and cognitive evaluations of life. Annual Review of Psychology, 2003: 403～425.

拥有较多性伴侣①。外向男性在性生活前的爱抚行为比内向男性持续更久，而女性无此种倾向。艾森克本人也曾使用人格问卷、性生活习惯问卷和性态度问卷，采用不记名寄信的方式对800名男女大学生进行过问卷调查。被调查的大学生全属未婚，年龄均在25岁以下，大部分均为19～20岁。研究结果表明，外向者在接吻、爱抚及正常的性生活中均扮演主动的角色。高精神质得分的人对于接吻、爱抚这样的主动行为没有外向者所表现的那么突出，对于他们来说，接吻、拥抱等根本索然无味。高神经质的人表现为很少有爱抚行为、很少有性生活，但也很少成为性变态。高神经质的人对性生活很少感到满足，而外向得分高的人，在性生活方面能得到相当程度的满足。典型的外向者，在接触异性时并没有任何困难，在与异性相处时，也不至于出现紧张的状况。他们在性方面相当随便，在性生活方面也能获得相当的满足。他们不至于被压抑、排斥的念头所困扰，也毫不掩饰对性方面的兴趣，并且反对查禁色情之类的事情。这类的人没有同性恋的倾向，并认为孩子应该凭藉亲身体验来学习性，他们对自己的任何感觉都不会有罪恶感。他们不会过分保守，且有点过分强调性，但他们并不是不正常、不健康。内向的人就不太一样了。他们对性的反应并不那么强烈，有些偏向性压抑。但同样的，他们仍然是健康、正常的。内向者并不会过分排斥性，只是在接近异性或与异性共处时，往往会产生困难，也许正因为如此，导致他们在性方面有些缺乏满足感。他们有些过

---

① ［英］艾森克著，张康乐译．心理学与现代社会．台北：桂冠图书股份有限公司，1992：66.

分保守，不赞成任意的性爱活动，也反对婚前性行为，他们赞同对色情事物施与若干查禁。外向的人比内向的人更可能会有私生子。外向与内向的人格似乎在性方面均做了最好且最实际的调适，前者赞成性开发，认为性是很有趣的，站在较前卫的立场；后者深信性是神圣的，应该加以约束，有类似于清教徒般的看法。当然，艾森克也强调，这些描述仅适用于他所调查的那群特定学生团体。对年轻学生来说，内向者的调适较无法满足，但对中年人来说，内向者也许更满意些，因为他们有着美满的婚姻，而对逢场作戏的外向中年人来说，就比较无法满足了。另外，艾森克还认为，女性有无吸引力与胸部大小的关系并非完全成正比，而是呈曲线型的，在某一定点之后便开始下降。女孩胸部越大，相对地吸引力就越大，但总有一个点是最具吸引力的，一旦超过这个定点，胸部更大不但失去了吸引力，而且令人感觉既粗俗又可笑。至于这个最具吸引力的高点则因人而异，内向者的高点要比外向者出现得早，也就是外向者对外观的要求往往较内向的人强烈。同样的刺激，内向者通常比外向的人产生更强烈的反应，因此，外向的人需要较大的胸脯，穿着较开放、暴露的刺激，才会产生与内向的人相同的反应。所以，艾森克说："小胸脯的女人们大可不必妄自菲薄，终将会遇到一个比较内向的人，并愿献上他最真挚的灵魂！"①。

有关性玩笑与人格差异的关系，按照弗洛伊德的观点，笑话与娱乐是人们为了逃避现实而衍生出的一种并不伤人

---

① ［英］艾森克著，张康乐译. 心理学与现代社会. 台北：桂冠图书股份有限公司，1992：93.

的玩笑，或者是将潜意识中一些压抑的事物，藉由笑话或娱乐抒发出来。比较保守、内向的人会把很多事情压抑在心中，而比较外向的人就不会有这样的情况。由于内外向的人人格上有差异，而内向的人又常常压抑许多事情，所以对笑话与娱乐，内向的人应该比外向的人更感到有兴趣，因为这些是他们宣泄情绪的一种方式。但是，艾森克认为，外向的人对性表现出明显的兴趣，性玩笑便是其中之一，因此他们对性玩笑表示欢迎，而且引以为荣；内向的人就比较排斥这些，并且反对性开放。所以性玩笑对他们来说，不但没有娱乐的效果，反而会激怒他们。只有在性玩笑方面，外向的人更明显地表示出他们的兴趣，然而，在其他的玩笑，如卡通影片等方面，内向与外向者的反应均差不多。

艾森克也认为，好的婚姻不仅仅是建立在生理上的吸引、双方智慧的相当、家庭生活背景的相似之上，同时也建立在人格与气质上的基本关系上。一个极度外向的人与一个极度内向的人结婚似乎不可能会快乐，或使对方快乐，即使他们在其他方面颇为相近。对于高神经质的人来说，他们在与异性接触时，会产生很强烈的性兴奋，但也有着相同程度的紧张。他们对性的欲望很强，但满足的程度相当低。这样的人很保守，对性之事充满了厌恶与罪恶的感觉，而且经常为种种禁忌所困扰。同性恋的感觉也往往使他们十分困扰。他们不赞成同性体验，反对婚前性行为及色情的事物，虽然他们并不是积极地反对。他们对异性有着强烈接近的冲动，但也有着很强烈排斥的感觉。而低神经质的人，对异性同时有着强烈接近与排斥意向的情况则非常小，因此不至于造成内心的严重矛盾与冲突现象。高神经质的人比低神经质的人有着更高的病态反应。艾森克认为，神经质上得分高，外向性上得分也高的人，对异性接近的欲望必然会很高；对于极为内向的人来说，对异性的排斥倾向也较为强烈。较内向及高神经质的人经常充满焦虑，往往需要接受性方面的心理治疗。而神经质得分高，外向性得分也高的心理病态人格的人会产生轻微性犯罪的麻烦，如因风流而患上性病，使未婚女子怀孕，触犯重婚以及诱拐罪名等。严重性犯罪的人，其人格则还含有强烈的精神病倾向，在精神质上得分也较高。高精神质的人在性方面是极度开放的，但是并非像外向者那样不属于病态型，以及多多少少可以让人能够接受。高精神质的人对性的观念很随便，对他们的性伴侣有着极端的厌恶感。他们的性欲很强，偏好婚前性行为，同时喜欢凭藉自身的体验而获得性知识，然而，他们也有些保守，有些压抑，而且有同性恋的倾向。整体而言，他们对性生活并不满意，这一点与外向者不相同。相反地，外向的人很容易获得性的满足，对异性也不会有神经质的紧张。高精神质的人易沉溺于性，就像沉溺于麻醉药一样。正因为他们这种对性的沉溺与依赖，为他们制造了许多无法解决的困难。但是原因是什么，他们对性为什么会有这样的反应，艾森克也不得所解。当然，艾森克也认识到，除了人格因素外，也有许多其他原因足以影响性态度，如所受的教育，外表的美丽，是否有钱，聪明才智或是天赋的性能力等。这样的表现也会随着年龄的增加而改变，也可能因为社会团体，或文化背景的不同而有所差别①。

---

① [英]艾森克著，张康乐译．心理学与现代社会．台北：桂冠图书股份有限公司，1992：65～95.

二、艾森克人格问卷的应用

除艾森克的"大三"人格理论被用在许多领域中外，艾森克等编制的艾森克人格问卷（Eysenck Personality Questionaire，简称 EPQ）也被广泛地使用。正如斯腾伯格所说："艾森克的人格理论及其编制的人格问卷许多年来一直是人格研究的中流砥柱。如今仍然被研究者们使用。艾森克的人格理论一直被很多教科书和文章所引用，而且将一直被引用，甚至是永远被引用"[①]。

艾森克等人以内外倾、神经质与精神质三个人格维度为依据，以艾森克早期编制的若干人格量表为基础，经过大量的研究，几经修改，于 1975 年形成通用的艾森克人格问卷 EPQ。该问卷是一种自陈式量表（self-report scale），包括成人版和儿童版。EPQ 被许多研究者用来探讨人格与其他变量之间的关系，并被多国的心理学研究者修订为适合本文化的版本。我国的陈仲庚、龚耀先教授分别对该量表在我国是否适用进行了验证，并对原量表进行了修订。在陈仲庚教授修订的版本中，成人版包括 85 道题，少年版包括 74 道题，各自包括三个分量表（E、N、P）和一个效度分量表（L）。对 16～70 岁受测者应施测成人版，7～15 岁受测者应施测少年版。该问卷中，E 分量表测量内外向维度。分数高代表外向，可能是好交际，喜聚会，随和乐观，喜欢变化，易冲动；分数低则代表内向。N 分量表测量情绪稳定性，又称神经质维度。它反映的是正常行为，

---

① Sternberg R J. Hans Eysenck（1916－1997）：a tribute. Ablex Publishing Corporation，1997.

并非病态。高分表示被试可能是焦虑的、担忧的，对刺激反应过于强烈。P分量表测量精神质维度，精神质又称倔强、讲求实际，并非暗指精神病。P分数高表示被试可能是孤独的，缺乏情感投入，好挑衅，喜欢干奇特的事且不顾危险，难以适应外部环境。L分量表主要测定被试作答的掩饰性，也能反映社会幼稚性的水平。若被试掩饰性高，则整个量表得分的可信度不高。该问卷测量人格维度，相对于以因素分析法编制的人格问卷，如16PF而言，它所涉及的概念较少，容易掌握，施测方便，因此在我国得到了广泛的应用。

艾森克人格问卷简式量表（EPQ-R short scale，简称EPQ-RSC）是艾森克教授等（Eysenck，H. J.，& Eysenck，S. B. G.）于1985年在EPQ的基础上编制的，具有较高的信度和效度，操作简便。该量表包括4个分量表（各12个项目），共48个项目[①]。该量表得到受试者在个人人格的4个方面的因子分：（1）内外向：反映受试者倾向于外向好交际或内向好独处；（2）情绪稳定性：反映正常行为表现出的情绪是否倾向于稳定；（3）倔强性：反映倔强和讲求实际的倾向；（4）社会掩饰性：反映受试者的掩饰或社会性朴实的倾向。1997年2月至1999年3月，北京大学心理学系"EPQ-RSC修订协作工作组"经艾森克教授许可修订了该量表的中国版本。修订小组首先对量表项目进行了翻译，确定了EPQ-RSC测试版。由3名心理学专业人员对原EPQ-RSC中48个项目进行了翻译，然后由英语专

---

① Eysenck H J. etal. Manual of the Eysenck Personality scale (EPS Adult). London：hodder & Stoughton Publishers，1996.

业人士回译，同时参照原艾森克人格问卷中国版的相同项目的译稿加入备选项目，最后形成包括 56 个项目的测试版问卷。然后依据受测人的年龄、性别、职业、民族进行分层取样，再试测大陆 30 个省市自治区（除西藏）56 个地区的 8367 人。修订小组根据实测数据对项目进行了甄选和替换，最终形成修订版艾森克人格问卷简式量表中国版（Eysenck Personality Questionaire-revise, short scale for chinese 简称 EPQ-RSC）。问卷形成之后，修订小组对它做了心理测量学的质量检验，结果表明其具有很高的信效度。该量表适用于 16 周岁以上的正常被试；作答时，每题必答且只选一个答案，不得遗漏①。

---

① 钱铭怡，武国城，朱荣春，张苹. 艾森克人格问卷简式量表中国版（简称 EPQ-RSC）的使用手册. 北京大学心理学系"EPQ-RSC 修订协作工作组"，1999.

第五章 艾森克心理学略评

艾森克是世界上最著名的心理学家之一。他在心理学的很多方面都有所建树，特别是在人格和个体差异方面的贡献最为突出。在当时世界上所有在世的心理学家中，他是文献被引用最多的一个。备受欢迎的美国心理学期刊——《普通心理学评论》曾作了一项对 20 世纪的心理学家知名度进行评比的调查研究，结果表明在前一百名最著名的心理学家中，艾森克位居 13。艾森克继斯皮尔曼、伯特之后，领导着英国伦敦大学心理学系继续向前发展。由于他在个体差异研究方面的突出成就，艾森克于 1988 年获得美国心理学会所颁布的荣誉奖；1994 年获得了美国心理学会最佳引用奖；由于他一生对临床心理学的贡献，他于 1996 年获得美国心理学会临床心理学分会百年纪念奖；1994 年获得美国心理学协会（APS）颁布的詹姆斯奖。

一、贡　献

1. 心理学中生物学流派的主要代表

作为生物学流派成员之一，他有目共睹的贡献就是在心理学和生物学原理之间架起了一座桥梁，引起了那些忽视心理现象的生物基础的心理学者们的关注。艾森克在其心理学研究中，不论是在人格理论还是智力理论上，都非常强调其生物学基础。他的人格、智力理论观等在很大程度上是遗传进化取向。正如一位人格生物基础研究领域的权威人士所说："艾森克完全可以恰当地声称，他的体系是基于其他维度模型的倡导者们所未曾涉及的大量的心理生物学的研究之上的"①。艾森克所强调的个体差异的生物学方面，与渐渐被认识到的生物学对人格影响的观点越来越吻合了②。虽然在心理学的发展中，心理的生物基础曾一度被研究者们所忽视，甚至是被反对从这一角度来研究心理现象。但是，现在的心理学者们越来越意识到在研究心理现象的过程中，对其生物基础的研究是不容忽视的，因为人是进化的产物，每个人都有其独特的遗传素质。在研究心理现象时，把与心理学知识与生物学家所了解的进化论和遗传学知识结合起来，使人格心理学家在理解人格类型是如何形成这一问题上，向前迈进了一步③。生物学取向的研究成果有力地指出了心理学中那些环境决定论者们的不足。环境决定论者，特别是行为主义者，认为个体的发展完全是由环境因素决定的，先天的遗传因素根本不起作用。但是事实并不完全像他们所认为的那样。例如，虽然每一个孩子接受的学校教育是同等的，但孩子们之间还是有差异，如有些孩子总是活泼好动，而有些孩子很安静，并且这些特点还很难改变。这些通过环境无法改变的事实，

---

① Zuckerman M. Psychobiology of personality. New York：Cambridge University Press，1991：11.

② ［美］杰瑞·伯格著，陈会昌等译. 人格心理学（第六版）. 北京：中国轻工业出版社，2004：172.

③ ［美］杰瑞·伯格著，陈会昌等译. 人格心理学（第六版）. 北京：中国轻工业出版社，2004：196.

使得一些学者们不得不承认遗传因素、生物基础确实在个体的发展中起着一定的作用。

艾森克强调生理基础在人格形成中的重要作用，使得人格心理学中有了一些生理心理学的气息，并在人格心理学和认知神经科学之间架起了一座桥梁。他运用大脑的抑制和兴奋、反应抑制，以及唤醒水平等来解释内外倾人格维度；他认为自主神经系统和边缘系统的活动在不同程度神经质的个体身上有所不同；他根据激素的分泌情况考察了不同个体在精神质维度上的差异。艾森克采用脑电扫描技术、皮肤电记录、反应时等多种方法，来测量人格的脑机制，使人的生理现象和心理现象结合、统一起来。随着理论的发展和方法的改进，人格的生理心理学研究将为人们理解其自身提供更丰富深刻的科学发现[①]。当今发展势头突飞猛进的认知神经科学的任务之一是研究心理功能的脑机制，在研究方法上主要采用反应时、脑功能成像技术等。这样人格心理学和认知神经科学就通过生理心理学这个关键点而结合起来了。

艾森克认为应该把人看成是一个生物社会性的人，并强调生物基础的作用。他从生物和社会两个方面来考察人，将人的生理现象、心理现象和社会现象统一起来，使得对人的研究更具有完整性，这对于心理学的整合具有重要的意义。他的这一主张，与当今新出现的一种研究取向——社会生物学（sociobiology）取向相一致。虽然说环境对一个个体的影响是很大的，特别是在形成一般人格定向时环

---

① 郭永玉．人格心理学——人性及其差异的研究．北京：中国社会科学出版社，2005：55．

境因素作用尤其明显；但是不管怎样，生物因素可能会限制我们能在多大程度上把一个内向的人变成一个善于社交的人，或者使一个冲动、开朗的孩子变为一个安静、随和的成年人①。

2. 丰富了人格理论及相关研究

艾森克通过因素分析和相关研究，探索了人格的特质单元，认为人格有三个基本的维度。艾森克的人格类型理论主要是强调生物基础和遗传因素的影响，这一点在人格研究领域中具有创新意义。正如艾森克自己所说，虽然在智力研究中，吴伟士（R. S. Woodworth，1869—1962）在1941 年就强调遗传因素在智力中的基础作用，但是，在人格研究中，如果没有他的努力，很多学者可能至今还没有认识到生物和遗传因素对人格的重要性。

艾森克提出的"大三"人格模型具有跨文化的普遍性。艾森克和其妻子曾在 34 个国家进行了跨文化研究，结果表明他的"大三"模型确实具有普遍性。不仅如此，艾森克还对动物进行了研究，结果发现在动物中，也表现出与人类相似的三个维度。除艾森克提出的人格"大三"模型外，还有一些心理学者认为人格具有五个基本维度，分别为神经质、外向性、开放性（Openness）、随和性（Agreeableness）和尽责性（Conscientiousness），简称为 OCEAN，即"大五"模型（big five）。一些心理学者认为艾森克的"大三"模型因素太少，并赞成人格的"大五"模型。但是另一些心理学者通过研究，发现"大五"模型的一些因素

① ［美］杰瑞·伯格著，陈会昌等译. 人格心理学（第六版）. 北京：中国轻工业出版社，2004：176.

实际上可以合并为艾森克人格理论的某一维度，并支持"大三"模型。例如锥库特和克林（Draycott & Kline）通过"大五"人格问卷和艾森克人格问卷修订版进行联合因素分析，仅发现了三个独立性因素，并且与艾森克的三因素相似①。塞古罗（Saggino）进行"大三"模型和"大五"模型的比较研究，结果支持"大三"模型②。米克瑞和库斯特通过研究发现，"大五"模型和"大三"模型在内外倾、神经质维度上是相似的，而"大五"模型的随和性和尽责性相当于"大三"模型的精神质③。

3. 整合的智力观

艾森克在其一生中提出了许多关于智力的重要见解，这些见解对心理学中的智力研究有重要的启示。尤其是在晚年，艾森克从生物遗传、生理、心理、社会层面来看待智力，探讨了从基因型到表现型过程中智力的形成，侧重于智力中的生物生理、心理和社会等各方面的整合，为智力的研究提供了新的视角，体现了当今心理学中智力研究的一种整合趋向。

艾森克侧重从生物生理功能的角度对智力进行分析和解释，尽管其中有些解释还没有得到实验研究的证实或重

---

① Draycott S G，Kline P. The Big Three or the Big Five—the EPQ-R vs the NEO-PI：a research note，replication and elaboration. Personality and Individual Difference，1995：801~804.

② Saggino A. The big three or the big five? A replication study. Personality and Individual Difference，2000：28.

③ Costa P T，McCraes R R. Primary traits of Eysenck's P-E-N system：three- and five-factor solutions. Journal of Personality and Social Psychology，1995：308~317.

复性验证。但他把智力与当今兴起的认知神经科学、神经生物科学建立起了联系，为研究者们探讨智力的生理机制提供了一种新的思路。这种新的思路使人们更加关注智力发展与神经系统结构和功能的关系。最近的许多研究者探讨了神经生物学基础与智力之间的关系，并取得了具有重要意义的结果。它促使我们对个体差异中环境的作用进行重新审视，并在一定程度上改变了我们的环境观：从环境是如何影响个体的被动模式逐渐转变到个体选择、改善和创造我们的环境时的积极主动模式①。它为发展生物干预如基因分析、基因治疗提供了可能②，同时也为智力测量中的文化公平性提供了一种可能。艾森克还深入到生理的结构和生物化学物质层面，包括大脑皮层的体积、神经元树突的长短、突触的密度和大脑内细胞内外的酸碱度等方面来探讨智力，并提出遗传智力和生物学智力的概念，这是许多智力研究者们看重但又容易忽视的方面。这些生物生理因素对智力有着重要的影响，但它们究竟是智力形成的前提条件，还是智力的本质？这激发了当今有关智力这方面的探讨，已有许多学者提出了不同的见解③。

艾森克的智力理论侧重于从智力的外部行为结果、静态的、外显方面来进行研究。但智力内部动态的心理过程和智力的内隐方面也极其重要，外显是内隐的外在表现，内部动态的心理过程导致个体智力的差异。尽管艾森克本

---

① 张坤，李其维．有关智力的遗传研究演进．上海：心理科学，2005：1250～1252.

② 赵笑梅．智力理论的最新发展探析．哈尔滨：教育探索，2005：99.

③ 林崇德，白学军，李庆安．关于智力研究的新进展．北京：北京师范大学学报（社会科学版），2004：26～27.

人对此并没做详细解释，但当今的心理学者们显然已由此受到启发，并已经开始积极地探讨这一方面①。

4. 创造力研究方面的贡献

在创造力研究方面，艾森克的独特之处在于从病态人格的角度来分析创造力的形成。他认为生物和遗传因素在个体的创造力中起着非常重要的作用，个体的创造力不完全是由认知过程决定的，而是认知、人格和环境因素相互作用的结果。这些变量之间是以相互作用的方式而不是以简单地相加的方式影响个体的创造性的。艾森克还重点研究了创造力和人格之间的关系。通过研究，他认为不同个体在人格的精神质维度上得分的分布是一个连续的过程，随着在精神质维度上得分的增加，表现为从正常到精神分裂症的连续变化，而不是像有些精神病学家们所认为的是一个两级分布。不仅如此，艾森克还认为个体的创造性和精神质之间有因果关系。在精神质上得分高者，一般具有高创造性。所以，艾森克认为高精神质和创造力、疯子和天才是相对应的。自艾森克提出人格结构的精神质维度，并提出精神质与创造力之间具有因果关系后，许多心理学者分别采用不同的研究范式对两者的关系进行了深入的探讨，并取得有意义的研究结果。这些研究对于揭示人格特质与创造力的关系，以及如何去培养个体的创造性具有重要的意义，也对我们厘清在将来的研究中如何更好地去揭示任意两者之间的关系具有重要的启示。

但从已有的研究情况来看，还有一些值得商榷之处。

---

① 孙灯勇，郭永玉. 从生物学的视角看 Eysenck 的整合智力理论，长春：长春师范学院学报（自然科学版），2007：第 61～64.

艾森克认为高精神质与创造性之间关系紧密，并有因果关系，但精神质与创造性之间是否真正地具有因果关系呢？两个变量之间具有因果关系必须满足一些条件：这两个变量之间具有时间顺序，原因变量必须在前，结果变量必须在后；两个变量之间具有关联；排除了其他所有干扰变量的影响；还必须具有坚实的理论基础。精神质和创造性之间的关系到底如何，是高精神质导致创造性，还是创造性导致高精神质？采用实验的研究范式可能更能说明问题，而已有的研究大多是采用相关研究范式。同时，在这两者之间是否还有其他因素在起着中介或调节作用，如智力、情境或任务性质等，也有待更深入的研究来加以揭示[①]。

5. 开创了英国的临床心理学职业

1950 年，在艾森克被任命为 Maudsley 精神病研究所新成立的心理学机构负责人之时，他曾对刘易斯许下三个诺言，其中第一个就是在英国建立并发展临床心理学职业。他承诺了，也做到了。他首先把临床心理学机构从精神病研究所中独立出来，认为从事临床心理学的心理学家和精神病医生在方法上应该有所不同。在艾森克的倡导和努力下，临床心理学职业在英国得到了迅速的发展。正如一位心理学者所说，英国的艾森克和美国的斯金纳一起领导着临床心理学向前发展[②]。

6. 成果丰硕并培养了大批优秀学生

艾森克富有聪明才智，一生成果丰富。到他逝世之时

---

① 孙灯勇，郭永玉. 是疯子还是天才：精神质与创造力关系探讨. 武汉：华中师范大学学报，2008：136～140.

② Brand C. Hans Jurgens Eysenck (1916－1997)，1997. http：//search. epnet. com/direct. asp? an＝9712233564.

止，艾森克总共发表了 1000 多篇文章，出版了 79 本著作。如果按照总共五十年时间来计算，那么平均每两周，他就会发表一篇文章，或完成一本书的一章；平均每九个月，他就要写一本书。艾森克的这种成就是其他学者很少有的。罗斯唐说："艾森克的巨大成果，是一个天才所具有的明显特征。"罗斯唐还说道："假如一个学者 A 的成果被引用了 50 次，而另一个学者 B 的成果仅被引用了 5 次，那么 A 的成就肯定比 B 的重要，相应地也说明 A 是一个更杰出的人物。"艾森克的成果被引用情况正好如上所说，也表明了他是一个杰出的天才。ISI（Institute for Scientific Information）的创始人兼主席噶费德（Garfield）曾列举了 1969～1977 年间，社会科学中文献被引用最多的一百位学者，结果表明艾森克居于第一位，平均每年被引用的次数为 597。1978 年《美国心理学家》杂志发表了恩德勒（Endler）等人所调查的 1975 年社会科学引用索引（SSCI）中前一百名被引用最多的心理学家，艾森克位居第五，仅次于弗洛伊德、皮亚杰、韦纳和班杜拉。

艾森克不仅成果丰富，而且还培养了一大批优秀的学生。艾森克一生培养了 180 名博士，这些学生来自各个国家。他们学成后，都在各自的领域取得了优异的成绩，成为心理学教授和心理学知识的传播者。例如，德国的心理学者布任基曼（H. Brengelmann）把老师艾森克的行为治疗观点带回了德国进行传播；罗姆斯（R. Ramsey）把行为治疗传播给荷兰；霍姆费瑞（J. Humphrey）受老师艾森克思想的影响，回国后，在澳大利亚进行行为治疗理论的传播。艾森克的第三代学生卡荣（S. Crown）和斯德勒（J. Sadler）分别成为英国的《医学心理学杂志》（*the*

British Journal of Medical Psychology）和《国际心理分析杂志》（the International Journal of Psychoanalysis）的编辑。

二、局　限

1. 研究方法上的片面性

艾森克强调心理学研究的客观性、可证实性，主要侧重于量的研究，竭力使心理学成为自然科学的一个不可缺少的部分。罗斯唐曾写到："跟随着他自己心目中最伟大的英雄高尔顿的脚步，艾森克已经坚定地站在为使心理学成为自然科学的一个不可分割的部分而战斗的前线上。艾森克坚持认为心理学是一门生物社会科学，其相关和实验研究必须整合起来；所有的观点必须通过严格的实验证实，不管其多么的古怪、从政治的角度来看是多么的错误、还是具有社会危险性。"[①] 艾森克在心理学研究中的这种科学主义取向，在使心理学成为一门自然科学，使心理学的研究具有客观证实性方面，是有重要意义的。但是，至于研究人的心理现象的心理学，它虽然有与自然科学相通之处，但又有很大的不同。人不是物体，人具有主观能动性，所以在研究人的过程中，在使用的方法上应该有所差异。正如美国心理学家格根（K. J. Gergen）所说："人的心理不同于自然科学所研究的物质。人的心理是历史的产物，随时间、地点、文化、历史的不同而不同，缺乏物质所具有的那种相对稳定性。因此，自然科学的因果关系模式究竟

---

① Rushton J P. H. J. Eysenck's contribution to behavior genetics. Psihologija，1998：448.

适合不适合心理学是一个值得商讨的问题。"①

　　科学主义心理学坚持研究对象的可观察性和研究任务的可描述性，坚持以方法为中心的原则。科学主义心理学的这种实证方法论，虽然有其合理之处，但也有根本不足之处。它坚持研究对象的客观性，但否定了心理的主观属性；它过分地强调方法的科学性，从而牺牲了心理学研究人的特有心理现象的重要性；它坚持元素分析，导致不利于从整体上把握人的心理；它重视心理量的规定性和定量研究，这割裂了心理的质与量的统一；它坚持还原论，却忽视了心理现象特有的性质；它强调描述，反映了心理现象复杂与神秘性的特点，但反对解释，从而贬损了科学的价值；它强调客观方法，否定主观方法，背离了心理学对象的特点，由此可见，科学实证主义的根本不足在于其片面性②。科学主义心理学面临着一些不可解决的困难：决定论倾向、还原论倾向等。作为坚持心理学是一门自然科学的艾森克，在其理论观点中也表现出科学主义心理学所具有的类似的缺陷。第一，方法中心。艾森克在具体的研究过程中，非常强调研究方法和统计方法的正确性。不仅如此，他还经常对其他心理学者所采用的研究方法和统计方法进行评价，指出他们所用方法的不妥之处。第二，生物还原倾向。艾森克在解释人格、智力、创造力等时，都具有生物还原倾向。他认为生物和遗传因素在人格、智力、

　　① Gergen K J. Social psychology as history. Journal of personality and social psychology，1973：309～320.

　　② 陶宏斌，郭永玉. 实证主义方法论与现代西方心理学. 北京：心理学报，1997：315～317.

创造力的形成过程中起着重要的作用。第三，遗传决定论倾向。艾森克在心理学研究领域最突出的贡献在个体差异方面。他在研究个体差异时，非常强调遗传因素对个体差异的决定作用。

艾森克在进行心理研究时，主要侧重于心理测量的方法。使用心理测量方法进行研究，确实有其优点，但是也有不足。正如保罗·凯林所说："心理测量学并没有把自身投入到琐碎问题的研究中去……不过，即使是最好的心理测量学也存在粗糙问题和推理问题。因此，更精细的研究课题便受到了限制。"① 心理测量主要是对心理活动的结果进行研究，因而在心理现象的定量研究上有很大的成就。但是，它忽视了对心理活动过程本身的分析探讨。因而，它难以深入到心理活动的内部，揭示心理活动的本质和规律。

2. 人格理论存在分歧

虽然艾森克通过自己编制的人格问卷（EPQ），在很多国家对其人格"大三"模型进行了跨文化研究，表明该人格问卷具有很高的外部效度，而且一些心理学者也进行过验证性研究证明了其普遍性。但是，另一些心理学者通过研究发现，艾森克所提出的"大三"理论中，只有内外倾和神经质两个因素是相对独立的变量，而精神质维度与其他因素具有很高的相关关系，所以还不能确定精神质是否是一个独立变量，也就不能确定是否应该把其看成是一个人格维度。

也有一些心理学者认为艾森克的人格维度过少，他们

---

① ［英］保罗·凯林著，郑伟建译. 心理学大曝光——皇帝的新装. 北京：中国人民大学出版社，1992：62.

认为人格不只有三个维度，而应该多于三个，所以很多心理学者认为"大五"模型比"大三"模型更具有代表性。例如，库若基和琼斯运用卡特尔的 16PF 对一些实验数据进行因素分析，发现有五个二阶因素，支持了"大五"模型[①]。米克瑞和库斯特采用 Myers-Briggs 类型指标（MB-TI）进行研究，发现了"大五"模型中的四个因素，而不仅仅只有三个因素[②]。

另外，艾森克在对人格的生物基础进行解释时，认为精神质与男性，特别是雄性激素的分泌有关。精神质高分者（例如精神分裂症患者）体内 5－羟色胺缺乏并有一定抗原存在，这些事实暗示精神质和精神分裂症的高度相关性。艾森克认为这是探讨精神质生理基础的关键。但是，目前还缺乏系统的、有控制的研究证据，来支持艾森克关于雄性激素与精神质之间联系的推测。

3. 治疗方法的绝对性

虽然行为治疗方法在治疗一些神经症的过程中，确实有很好的疗效，但是，精神分析的产生也有它特殊的社会历史背景，而且精神分析对某些心理障碍也有很好的疗效。精神分析能够影响一个世纪，能被很多人所接受，这说明它必然有正确的地方。当然，精神分析也确实都有它的不足之处，在某些心理问题上，采用精神分

---

① Krug E K，Johns E F. A large scale cross-validation of second-order personality structue defined by the 16PF. Psychological Reports，1986.

② Costa P T，McCraes R R. Primary traits of Eysenck's P-E-N system：three- and five-factor solutions. Journal of Personality and Social Psychology，1995：308～317.

析方法进行治疗确实起不到很好的效果。但是，艾森克完全否认精神分析的治疗作用，认为精神分析治疗还不如安慰剂治疗的作用，这未免有些矫枉过正。每一种治疗方法由于取向上的不同，在治疗上都有它的适用范围。因此，在治疗过程中，只有针对具体的心理问题，采用合理的方法进行治疗，才能达到最佳的效果。否则，只能导致由一个极端走向另一个极端。

4. 神秘主义倾向

艾森克对暗示性的研究，以及晚年对超心理学和占星术等问题的探讨，都明显地具有神秘主义倾向。艾森克在定义初级暗示性时，认为念动在其中起着非常重要的作用。这种念动行为是和很多类型的魔法相联系的，类似于超心理学的现象。艾森克所说的这种念动行为在科学的范畴内是很难站住脚的。艾森克在其晚年，开始对超心理学和占星术等问题感兴趣，认为存在一些超心理现象。但是，这些现象是当今的科学仍所无法接受的，也是无法解释的。他认为某个行星的运转活动与此时出生的个体的人格、创造性成就等有很大的相关关系。但是他的这些观点主要是由他自己推测而来的，没有可靠的依据来证实。

总之，虽然艾森克理论的某些方面受到质疑，但是，作为生物学流派的主要代表人物，艾森克强调遗传因素和生物基础对个体人格、智力等的作用，导致这些因素越来越受到其他心理学者们的重视，并且在研究人的心理现象中不可忽视。正如艾森克自己所说："也许在若干年之后，人们会发现我所强调的遗传因素对人的重大影响的观点是正确的。"